商业美学

品牌与产品的
美学定义与传播

傅炯 著

广西师范大学出版社

·桂林·

图书在版编目(CIP)数据

商业美学：品牌与产品的美学定义与传播／傅炯著.
桂林：广西师范大学出版社，2025.3. -- ISBN 978-7-5598
-7840-3

Ⅰ．F710-05

中国国家版本馆 CIP 数据核字第 20257KU651 号

商业美学：品牌与产品的美学定义与传播
SHANGYE MEIXUE：PINPAI YU CHANPIN DE MEIXUE DINGYI YU CHUANBO

出 品 人：刘广汉
策划编辑：高　巍
责任编辑：马竹音
装帧设计：六　元

广西师范大学出版社出版发行

（广西桂林市五里店路9号　　　邮政编码：541004）
（网址：http://www.bbtpress.com）

出版人：黄轩庄
全国新华书店经销
销售热线：021-65200318　021-31260822-898
恒美印务(广州)有限公司印刷
(广州市南沙区环市大道南路334号　邮政编码：511458)
开本：890 mm×1 240 mm　　1/32
印张：11.5　　　　　　　字数：200千
2025年3月第1版　　2025年3月第1次印刷
定价：88.00元

自　序

　　审美是一种生命体验。人类有理性的一面，但更多的是感性的一面。阴晴雨雪、月圆月缺、喜鹊枝头、小鱼河中，美是直击心灵的，审美是伴随整个人生的，不是"仓廪实"之后的奢侈品。

　　审美的代际差异很大。中国发展很快，不同年代的人生活差异极大，相应地，他们的审美差异也非常大。审美包括审美素材、审美观点和审美喜好。审美认知差异极大的人几乎是无法沟通的。

　　审美是不同消费群体的"接头暗号"。随着中国进入第三消费时代[1]，消费者的审美差异日趋明显，不同群体有各自喜爱的艺术作品、艺人、事件。一个人的服饰、语言风格等能快速表达他的审美情趣，人们也能借此了解彼此的审美差异。今天，即使是最优秀的设计师，也必须参考对目标消费者的审美调研来定义设计的风格，而不敢轻易以"我喜欢"来决定。

　　审美是不同品牌的价值观表现。不同的品牌张扬着不同的价值观，或奢或简，展现不同的生活形态和审美格调。美有很多不同的种类，不同的消费者也有不同的审美喜好，消

---

1. 见本书正文第 012 页关于中国第三消费时代的介绍。

费者的消费过程是在审美上与品牌不断互动的过程。衣着的品牌格调、设计风格与个人审美高度协调的人被认为是有品位的人，胡乱拼凑一身大 logo 的人反之。品牌的价值观是比较稳定的，设计创新不断加固和修正品牌的价值观，以创新的设计表达对时代和目标消费者的理解。

审美是个传播问题。为什么有些品牌让人感觉高级，有些品牌让人感觉庸俗？品牌的美学定义不局限于对产品与服务的定义和设计，高度一致的品位贯穿于产品、商业空间和传媒体验中。

审美是个管理问题。好的企业体制是设计的支持系统；不好的企业体制则会不断削弱设计。采购部门说材料太贵了，制造部门说加工太难了，销售部门说应该抄竞品，领导指着最丑的那个设计方案说他喜欢，诸如此类。建立完备的设计支持系统不是一日之功，不是简单聘请一个外国设计总监就能解决的，这是一个系统工程。

2023 年 11 月，宇通客车邀请笔者对领导层三百余人进行了审美培训。该企业通过深刻的思考，发现审美不单是设计部门的事情，而是系统的管理问题。这在中国的企业管理史上是一个划时代的事件，也促使笔者动笔撰写本书。

本书试图讲清楚品牌和产品的美学定义和传播。从企业的角度来看，品牌和产品的美学定义，是一个定义和设计的过程；从消费者体验的角度来看，他们获得的美学体验来自产品层面、商业空间层面和传媒层面，这是一个企业把品牌和产品的美学定义传播给消费者的过程，这个过程被称为商业美学。

　　本书的理论基础是定位学说。所谓定位，就是在对本产品和竞争产品进行深入分析，对消费者的需求进行准确判断的基础上，确定产品的独特优势，使其占据消费者心智，并将它们传达给目标消费者的动态过程。定位学说是在产品已经完成生产之后，出于营销的目的，为品牌和产品进行定义和传播。可以说，这种理论在学理上并不严谨，但比创意时代的灵光一现已经有了巨大进步。中国的消费进入了差异化时代，这为定位学说的应用提供了良好的土壤。笔者在二十多年的研究和商业咨询实践过程中，对定位学说做了一些更加深入的研究和本土化的修正。2005 年，笔者在《社会学》杂志上发表了《中国消费者的简单三分法》一文，该文提出用类型学说细分中国消费者。2006 年，笔者发表了论文《类型－具象法——一种设计调查方法及其应用》，该文提出了基于精准的消费者细分的深入调研法。2007 年，笔者带领团队开始研究中国消费者的审美特征，并从 2010 年开始将这方面的研究商业化，主要客户包括飞利浦、马自达、大众和奥迪等。从 2019 年开始，笔者带领团队在汽车行业展开设计语言类型化细分的研究。有类型学说加持后的定位学说，理论描述更加精准，逻辑更加严谨，在商业应用上也更加有效。我们帮助上汽大众推出的"Two-face 战略"就是这套理论方法的产物，为企业创造了不错的市场业绩。

　　本书有若干个原创的理论模型，包括品牌镜像、Value-C等。这些模型都经过了商业咨询项目的反复锤炼，具有很强的解释力。基于品牌镜像理论模型，笔者团队完成了美的空调的三品牌差异化研究和广汽乘用车的双品牌差异化的战略研究等。Value-C 模型更是指导了马自达、上汽大众、上汽奥迪多款新车的美学定义与开发。

本书的目标读者是企业管理者，品牌部门、产品规划部门的从业者和设计师。为企业战略管理与设计开发架设了一座桥梁，让设计师可以更加专业地把设计的美学定义说清楚，使其他人可以更加深刻地理解设计的风格和流行性。但这不意味着非专业人士可以越俎代庖，品牌与产品的美学定义依然是专业的设计技术。

我的同事杜文锦、周雨晨为本书整理了大量材料，给予了很大帮助，感谢我的团队！

傅炯

2024 年 2 月 29 日

目　录

第二篇　产品美学的定义

第三篇　商业美学的传播

01

品牌美学的定义

THE DEFINITION OF BRAND AESTHETICS

Chapter One

第一章
消费时代变迁与品牌发展

-1-

第一节
中国消费时代的演变与现代化品牌的发展

改革开放以来,中国经历了前所未有的社会和经济变革,中国的消费市场经历了从萌芽到繁荣的过程。我们不仅看到了几代人消费观念和消费模式的显著转变,而且见证了中国现代化品牌在这个波澜壮阔的时代背景中应运而生、蓬勃发展。消费时代的演变与品牌的发展不仅反映了中国企业的成长,也映射了中国社会价值观和消费者需求的演变。

在《第四消费时代》一书中,日本社会学家三浦展(Miura Atsushi)将日本社会自 1912 年起分为四个消费时代:第一消费时代是少数大城市的中产阶级和富裕阶层西方化的消费倾向;第二消费时代是第二次世界大战后人口向大城市转移,家庭消费快速崛起;第三消费时代是消费群体开始从物质消费转向服务消费,从家庭消费转向个人消费,社会消费出现个性化、多元化的特征;如今,日本已进入第四消费时代,即消费者开始青睐去品牌化的理性消费,重视消费体验,进入消费"共享"的时代。

中国消费市场的起步时间、发展状况、社会环境、文化背景与日本有较大不同，上海交通大学设计趋势研究所借鉴三浦展先生的研究，重新分析和建立了中国消费社会的划分方式。我们认为中国的消费时代发展至今，基本可以分为三个时代历程，中国现代化品牌也在这三个消费时代的演进中孕育和发展。

一、中国第一消费时代：从"无"到"有"的消费

中国第一消费社会阶段发生在 1949—1985 年，这个时代的关键词是"性价比"。

随着中华人民共和国成立，社会经济恢复，商品供给恢复，社会生产与人民生活重建。

在这一消费时代，社会工业处于建设和初期发展阶段。此时的产品遵循批量化生产的原则，目的是满足人民群众的基本物质需要。受制于当时的社会生产力，大众的物质需要较为强烈，但市场中可以满足人们需要的商品种类并不丰富。因此，大众的消费观念比较简朴，追求商品的物质实用性和平价属性。同时，人们的生活和工作环境以集体化为主，如公共食堂和单位分配的集体住房等。这种集体生活方式也在一定程度上影响了个人的消费模式和习惯，人们并不崇尚个性化的消费选择。20 世纪六七十年代的"三转一响"（自行车、缝纫机、手表、收音机）是当时中国家庭财产和地位的象征。在那个时代背景下，人们更注重产品本身，对商品品牌基本没有清晰的概念。

20世纪六七十年代的"三转一响"

改革开放之后，计划经济向市场经济的过渡极大地激发了市场主体的活力，许多企业建立并迅速发展。越来越多的企业开始意识到品牌是区别商品或服务的重要标志，是企业在市场竞争中求生存、图发展的重要手段。

英文 Brand（品牌）一词来源于公元 350 年左右，罗马帝国后期的北欧洲族群用语"Brandr"，意思是"燃烧"，指的是生产者将烧红的印章烙印到物品或家畜的身体上，以确定自己对物品或家畜的拥有权。现代概念上的品牌诞生于 1867 年的宝洁公司，那时的宝洁是一家专门生产蜡烛和肥皂的企业，他们发现如果在货品上印上独特的标记，会极大地促进销售，宝洁如今的月亮品牌标识最早就出现于那个时期。

中国的品牌历史其实更加久远，可以追溯至公元 208 年，曹操在其诗《短歌行》中写道"何以解忧？唯有杜康"，杜康酒可以被视为最早有记录的品牌。1628 年，明朝末期的扬州人戴春林在扬州埂子街用自己的名字开了一家生产香粉、香件的铺子，其店招"戴春林家"四字为明末著名书法家董其昌所写，这也使"戴春林"成为迄今为止中国美妆业

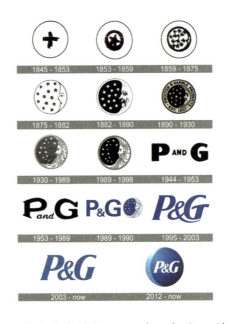

宝洁公司标识
变迁史

有据可考的早期的老字号之一，至今已有近四百年的历史。

明清时期、民国时期的很多老字号品牌在改革开放之后率先开展商标恢复行动。全聚德、便宜坊、吴裕泰、内联升、王麻子等众多老字号纷纷在 1978 年前后重新挂起招牌，走上艰难而坎坷的品牌复兴之路。

在这一阶段，国内无数新兴品牌如晨曦初升，迅速在市场中占据了一席之地。1984 年尤为关键，是一个历史性的转折点。中国财经作家吴晓波在他的著作《激荡三十年》中

赋予了 1984 年特殊的意义，他将这一年称为"中国公司元年"。在这一年里，万科的前身"深圳现代科教仪器展销中心"成立，王石任法人代表；联想的前身"中国科学院计算技术研究所新技术发展公司"成立，柳传志担任副经理；海尔的前身"青岛电冰箱总厂"濒临倒闭，张瑞敏接任厂长；潘宁研发出中国第一台双门电冰箱，并创立科龙公司的前身"珠江冰箱厂"，将冰箱商标定为"容声"；广东三水县（现为三水区）三水酒厂厂长李经纬推出新型运动型饮料"健力宝"，在第 23 届奥运会上作为中国体育代表团指定饮料一鸣惊人，被誉为"中国魔水"……1984 年后的几年间，随着国家政策的开放和企业自主权的增强，民营企业如雨后春笋般涌现，TCL、华为、创维、娃哈哈等品牌相继诞生，它们的崛起不仅显著推动了中国商业的发展，也见证了改革开放初期的繁荣景象。

海尔的前身"青岛电冰箱总厂"濒临倒闭

但这个阶段的中国品牌仅仅停留在达到识别与记忆的功能性阶段，企业设立品牌主要是为了在商品进入大众市场后，标记商品的所有权，并与其他同品类商品形成区分。同时，品牌也代表着一种产品质量的保证，它能在消费者脑海里形成记忆，以促成商品的营销传播和复购。

二、中国第二消费时代：从"有"到"好"的消费

中国第二消费社会阶段发生在 1985—2015 年，这个时代的关键词是"品质"。

随着社会主义市场经济体制的建立和中国加入世界贸易组织，中国的经济迎来了前所未有的高速增长。在这个时代，我们见证了社会生产力的巨大飞跃。各行业的工业化进程进入快车道，由此带来了经济的繁荣和民众消费需求的激增。

大众消费的普及成了这个时期的显著特征。我们可以将这个时代的消费趋势分为两个阶段：前半段是基础耐用品，如洗衣机、冰箱、黑白电视机的普及，各种工业消费品开始进入寻常百姓家；而后半段是进阶耐用品的快速渗透，如空调、彩电、个人电脑、汽车的普及，中国的千家万户都能体会到工业与科技进步带来的生活水平的提高。

在第二消费时代的前半段，产品销售主要依赖线下渠道。在营销领域，这个时代被誉为"渠道为王"的黄金时期。20世纪 90 年代，娃哈哈通过"在地化"和"联销体"的模式，即全国分散化生产和经销商销售额保证金制度，在全国织起了一张覆盖终端的网络。自此，娃哈哈从一个名不见经传的

校办小厂华丽转身，成为总资产数百亿元的饮料帝国。在第二消费时代的后半段，新世纪伊始，随着中国互联网的兴起，线上经济模式开始萌芽并逐渐发展壮大。2009年11月11日，中国线上购物网站淘宝商城借助"光棍节"的概念，开始举办互联网购物的大型促销活动。当年，有27个品牌在淘宝商城平台参与"双十一"，仅一天的成交额就达到了0.52亿元。到了2010年，当日成交额高达9.36亿元，此后，"双十一"成了中国亿万网民的购物狂欢节，"双十一"的成功也标志着中国线上零售业的变革拉开了帷幕。随着线上经济的逐步繁荣，中国进入了一个线上与线下渠道同步发展的新时期。

另一个不容忽视的变化是，中国加入世界贸易组织后，外资的大量涌入进一步丰富了大众消费市场。外资品牌凭借质量更好的商品和领先的技术，成为消费者眼中高品质和身份地位的象征。在这个时代，人们对世界知名品牌的追逐成了一种风潮，从大众桑塔纳汽车到奔驰、宝马汽车，从夏普电视到索尼电视，从摩托罗拉手机到苹果手机，在不同时期，拥有这些世界名牌产品都是消费者心中的渴望。

在中国繁荣的经济背景下，本土品牌也在这样的大潮中快速成长，它们面临着世界品牌的挑战，同时也从外资企业身上学到了宝贵的经验。中国企业开始认识到，仅依赖企业规模的扩张是不够的，品牌的建设和品质的提升才是企业持久发展的关键。中国品牌开始努力寻求转变，从强调商品的品类记忆，逐渐转向强调品牌的高品质和技术实力，一些头部品牌开始主动强调自己在行业中的"领导地位"，以争夺用户心智，增强企业的国际竞争力。

格力电器的发展就是这一时期中国品牌崛起的一个典型例证。从 20 世纪 80 年代中期至今，在 30 多年间，格力电器从一个年产值不到 2000 万元的小厂蜕变为一个多元化、国际化的工业集团。

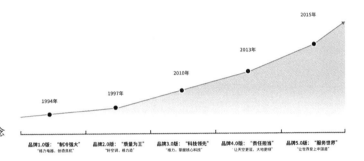

格力品牌的理念变迁

品牌1.0版："制冷强大" "格力电器，创造良机"
品牌2.0版："质量为王" "好空调，格力造"
品牌3.0版："科技领先" "格力，掌握核心科技"
品牌4.0版："责任担当" "让天空更蓝，大地更绿"
品牌5.0版："服务世界" "让世界爱上中国造"

在品牌创立早期，空调对于中国消费者来说还是昂贵的奢侈品，消费者在购买空调时也更偏爱国外品牌。20 世纪 90 年代的格力电器迎难而上，提出了"出精品、创名牌、上规模、创世界一流水平"的质量方针，实施了"精品战略"，建立和完善了质量管理体系。格力电器在 1993 年推出节能型分体机"空调王"，制冷效果全球领先，也为之后格力空调扎实的技术和过硬的质量打下了稳固的基础。1994年，格力电器的品牌理念还着眼于公司精神本身，"格力电器，创造良机"是品牌对内强有力的号召宣言。1997 年，随着格力空调在全国销售的势头越来越强劲，品质价值成为格力的核心诉求，因此，格力将品牌口号升级为"好空调，格力造"，这时的品牌理念开始转向品牌知名度的提升，并将产品质量

格力标识与品牌理念

作为核心竞争策略。

2001 年，中国加入世界贸易组织后，国外品牌涌入中国，之前更看重产品的制造与销售的格力电器发现企业在自主研发，尤其是核心技术的研发环节还较为薄弱，因此，在挑战与机遇面前，格力电器开始技术攻关。从 2005 年开始，他们在各类型机组的研制能力上均取得了卓有成效的突破，攻克了多个空调的技术堡垒，部分技术甚至领先于世界水平。2010 年，格力电器正式将此前提出的发展目标"掌握核心科技"升级为品牌理念——"格力，掌握核心科技"。2013 年，格力电器又提出新的品牌口号——"让天空更蓝、大地更绿"，开始大力宣传致力于节能环保的创新应用。同时，格力电器在清洁能源领域不断进行技术研发，突破了光伏能源技术高效应用的瓶颈，也体现了行业头部企业的责任担当。

可以看到，格力电器一路走来，其品牌核心理念都围绕着"质量"两字展开。不管是从一开始的强调产品功能与质量本身，还是中期对核心科技的宣传，再到近年来注重企业社会责任和打造世界级的中国品牌，格力电器始终在不断强化消费者对产品高质量的认知。这种品牌战略契合了第二消费时代中消费者对高品质生活的向往，也助力了格力品牌的成功。

三、中国第三消费时代：差异化的消费

2015 年，中国进入了第三消费时代，这个时代的关键词是"差异化"。

在这一阶段，中国经济逐步进入新常态，国内经济由高速增长转向中高速增长，经济结构开始转型升级，各行各业愈加注重高质量的发展路径。中国的消费群体已经历过基础耐用品快速积累的时代，并且新一代年轻人大多在物质丰富的环境下成长，在这样的背景下，人们开始寻求更深层次的满足。大众消费开始从物质消费向服务消费升级转变，家庭消费也逐渐向个人消费转移，小众细分逐步取代大众化。与健康相关的消费品，如保健品、按摩产品、健身产品等销量显著增长，这反映了消费者对生理和精神健康的双重关注。人们对经济和效率的追求逐渐减弱，开始愿意为自己钟爱的事物买单，追求心灵的满足和情感的交流。这一阶段的消费特点表现为追求个性化和差异化，在消费产品上追求高颜值、小众和精致。

中国经济的稳定增长以及互联网和移动技术的普及，不仅推动了电子商务的蓬勃发展，更彻底改变了国人的购物方式。在线购物不再是一个选择，而是主流。在这个数字化的

时代，个性化推荐与社交媒体的影响无处不在，它们深刻地
影响着消费者的购买决策，而移动支付的便利性更是提升了
消费的效率与体验。

对企业来说，网络购物的普及让营销渠道的壁垒降低，
但渠道的结构变得更加复杂。消费者的需求也从追求性价比
和参数对比的理性主义转变为感性的、情绪化的消费。在新
的时代背景下，消费者对品牌、设计、技术的评价标准正在
悄然发生变化。谁能提供更个性化、更具审美和情感价值的
产品，谁就能在激烈的市场竞争中开辟一片天地。

2021 年 4 月 15 日，上海车展前夕，吉利汽车集团旗下
的高端电动汽车品牌极氪发布，品牌旗下首款量产车型——
极氪 001 同步开启预订。仅仅两个月后，极氪 001 在 2021
年可交付的预订单就全部售罄。极氪 001 主打高端电动化
汽车市场，主流车型的售价区间为 30 万～ 40 万元。在中国，
这个价格区间的市场原本被奔驰、宝马、奥迪等国外豪华
汽车品牌牢牢占据，并且同年国内新势力电动汽车企业的
主流产品也集中于此价位，市场竞争十分激烈。但极氪作
为新品牌横空出世，成功地在这一价格区间厮杀出圈，它
是如何做到的？

极氪在进入电动汽车市场之初就抓住了"猎装轿跑"这
一细分车型的空白，品牌首款车型拥有极具辨识度的分体式
大灯和前脸设计、宽体低趴的车身姿态，并带有极具时尚感
的尾灯。在内饰设计上，极氪 001 凸显了该品牌的性价比优
势，用料扎实，空间舒适。因为品牌依托吉利集团，技术积

极氪001

累雄厚，极氪001的底盘质感也令人称道。

　　不少车主在互联网平台分享了他们的购车理由。一些年轻的消费者表示，在购买极氪001之前，他们曾长期关注奥迪、宝马和奔驰等一线品牌，但极氪001的上市让这些年轻的消费者突然眼前一亮：极氪汽车造型新颖，与众不同，品质上乘。有购车者表示："我知道奔驰是经典的豪华，宝马以操控出名，这点是毋庸置疑的。但现在奔驰C级、宝马3系这些车开出去，大家一眼就能认出来是什么车，说到底我会觉得它们已经不够特别了。而极氪001明显更加有个性，我就是喜欢这种让人第一眼看不懂、看不透的感觉。"

　　随着品牌的发展，极氪又陆续推出了中大型MPV极氪009、紧凑型SUV极氪X、中型轿车极氪007、紧凑型MPV极氪MIX等。这些车型延续着差异化的设计思路，拥有大胆、前卫、与众不同的造型，在汽车设计领域可谓独树一帜。不少研究机构发现，极氪不仅能够吸引年轻用户，也对那些拥有年轻心态的中年消费者具有极强的吸引力，成了一些中年老板的座驾首选。他们厌倦了传统豪华车的经典形态，极氪汽车的潮流科技感，点燃了这些中年消费者心中"还想年轻一把"的心态。

-2-

第二节
差异化品牌的全方位体验

一、全方位品牌体验

通过前文的叙述，我们了解到，中国已经步入第三消费时代，即差异化的消费时代，人们对品牌的期待已经从单纯的产品质量转变为独特的品牌体验。企业需要满足消费者越来越个性化的消费需求，并进行差异化品牌的建设。

品牌，这一曾被定义为企业与产品视觉符号的存在，如今必须跨越视觉的边界，向全方位、深层次的体验系统迈进。全方位的品牌体验涉及多个维度，包括产品体验、服务体验、商业空间体验和传媒体验。多个维度的品牌体验能让品牌更深地嵌入消费者的生活，增强消费者的品牌忠诚度与购买意愿。

产品之于品牌，不仅承载着功能性，更蕴含着带有消费者审美偏好和生活态度的深刻内涵。在差异化的消费时代，产品不再只是物质的载体，它需要讲述一个故事，形成一个场景，表达一种生活方式，回应消费者的个性化需求。

服务曾被视为附属环节，如今却成为品牌深化消费者体验的重要渠道。优质、个性化的服务能够打动人心，在消费者心中留下深刻的印象，服务甚至已经成为一些品牌打造差异化的重要手段。

商业空间是品牌的物理化呈现，承担着产品展示、产品销售、品牌传达等综合功能，一直被企业重视。近年来，许多品牌将在城市中心商圈搭建的体验式商业空间，作为与消费者接触、沟通的前沿窗口。这些品牌空间不仅能吸引消费者的目光，更能为他们营造独有的沉浸式的品牌氛围，让企业有机会触达潜在的消费者，并促成购买转化。

传媒是品牌价值观与产品信息传播的重要途径。在信息泛滥的时代，品牌需要用富有吸引力的语言和形象，将自己的故事传达给每一位潜在消费者。通过多渠道、多形式的创新传播，品牌能够触及更广泛的消费人群，让品牌故事在他们心中生根发芽。

在这个差异化消费时代，品牌建设就像一首无尽的诗，需要在产品、服务、商业空间、传媒等各个维度上精心编织、创新发展。接下来，让我们详细探索这些维度，解读品牌如何通过多维度体验在消费者心中留下深刻的印象。

二、产品体验

产品是连接品牌与消费者的桥梁。企业通过产品与消费者沟通，消费者通过购买和使用产品的行为与品牌进行交互。产品体验本身就像是品牌最真切的宣言，品牌的价值观和理念往往通过产品体验传递给消费者。

品牌要在众多竞争者中脱颖而出，一个重要策略就是对产品体验进行差异化设计。当产品提供了独特、创新的体验时，它就会帮助品牌在消费者心中占据独特的地位，并与竞争对手区别开。从系统层面对企业或品牌旗下的各类产品进行统一规划、设计，从而形成一致、持续的产品印象，对一个成功的品牌来说至关重要。

一致的产品体验，离不开品牌的识别性元素，这能使消费者形成较为固定的印象。企业在设计、开发产品时应考虑到企业的品牌概念和形象，适当保留或延续其原产品外观的某些设计元素。将抽象的品牌概念通过形态、色彩、材料等视觉化，让产品保持一个统一的视觉形象，这样即使产品的形式有差别，消费者仍可保持对品牌认知的一致性。

1. 保时捷（Porsche）

保时捷是源自德国的汽车品牌，自 1931 年由费迪南德·保时捷（Ferdinand Porsche）创立以来，就以卓越的性能、先进的工程技术以及独特的设计美学，在全球豪华跑车领域占据显赫地位。

保时捷历史车型
与现代车型

保时捷的品牌形象源于其对汽车性能的极致追求。强大的发动机性能、精确的操控以及出色的动力响应，使保时捷成为赛道与街头的宠儿。从传奇的911跑车到创新的Taycan电动跑车，保时捷始终在不断挑战极限，将车辆的速度与性能提升到全新的高度。保时捷的产品设计理念是将奢华与实用性融为一体，每一款车型都体现出独特的美学标准。它家族化的外观造型语言与历史车型一脉相承，其流线型的车身设计不仅美观大方，而且应用了空气动力学原理，暗示着极致的驾驶乐趣。在内饰设计上，保时捷同样展现出对细节的极致追求，从精致的材料选择到人性化的操控布局，每一处细节都彰显出对驾驶者和乘客的深度关怀。

保时捷这种高度统一并传承不息的产品体验塑造了保时捷的品牌形象。保时捷品牌早已成为奢华与速度的代名词，为全球豪华汽车品牌树立了标杆。

2. 沃尔沃（Volvo）

沃尔沃是一个诞生于瑞典的汽车品牌，创立于1927年。该品牌以独特的安全和环保理念在全球汽车市场中占据着重要地位。

沃尔沃对汽车安全的执着追求从其车身设计中可见一斑。沃尔沃采用高强度钢材构建车身，通过精确计算和设计，确保在发生碰撞时，车体能够有效吸收并分散冲击力，最大限度地保护乘车人员的安全。这种设计不仅提升了车辆的安全标准，也成为沃尔沃品牌信誉的重要支撑。沃尔沃在汽车安全设计方面的理念可以概括为"预防优于治疗"。从三点式安全带到智能主动安全系统，沃尔沃不断在安全技术上进行创新和突破。例如，沃尔沃的自动制动等主动安全避让系统能够预测并防止事故的发生。

沃尔沃S60

　　沃尔沃对环保的承诺既体现在动力系统的绿色升级上，也融入在车辆的内饰设计中。沃尔沃在内饰材料的选择上严格遵循环保原则，广泛使用可持续材料，减少对环境的影响。座舱内的空气质量控制系统为驾驶者和乘客提供健康、舒适的乘坐环境。这些环保实践不仅凸显了沃尔沃的社会责任感，也加深了消费者对品牌绿色形象的认识。

　　沃尔沃通过在安全设计、环保内饰等方面的创新和实践，成功地将其品牌打造为安全与环保的代名词，其稳固的产品体验也持续打动着全球的消费者。

三、服务体验

　　服务是产品体验的延伸，是品牌与消费者之间的情感纽带。在体验经济的大潮中，企业通过高质量的服务与消费者建立深厚的联系。服务体验不仅是一种互动方式，更是品牌核心价值观的体现。每一次微笑、每一句问候、每一个细节的关怀都在为品牌增色。当消费者感受到贴心、高效的服务时，这种正面的体验不仅提升了品牌形象，还增强了消费者的忠诚度与信任。相反，疏忽或低效的服务会破坏品牌形象，影响消费者的长期看法。在以用户为中心的时代，服务已成为品牌差异化的重要手段，它不仅影响着消费者的即时感受，更深远地塑造着品牌的未来。

在互联网时代，服务已经成为产品本身的一部分，是品牌差异化的关键。这一转变要求品牌不仅关注产品的物理特性和功能，更要深入理解用户的需求和情感，通过设计满足和超越这些期望。从商品的推荐到购买的流程，品牌线上、线下的体验需要处处用心，这也让体验设计、服务设计的概念应运而生。品牌合理运用体验设计、服务设计等新兴设计手段，能够在与用户交互的每一个环节，给予用户愉悦和满足感，增强用户与品牌之间的情感连接，带来长远的商业效益。

1. 胖东来

在当今这个电商风起云涌、网上购物越发便捷的时代，实体零售业正面临前所未有的挑战。然而，正当众多企业在数字化浪潮中苦苦挣扎时，一家名为胖东来的连锁零售企业却逆流而上，只做实体店，用独特的服务理念在中国零售界创造了一个奇迹。胖东来用精细入微的服务，让每一位顾客感受到了别样的关怀和温暖。

　　胖东来对服务的创新体现在多个方面，如换位思考、冗余服务、超越期待的服务、全员皆兵式服务、专家式服务等。

胖东来

　　换位思考指的是胖东来在细节上对顾客无微不至的关注，体现了他们对顾客需求的深刻理解。如针对视力不好的老人，胖东来专门设计了一辆自带座椅和老花镜的购物车，方便他们随走随停、休息和查看商品。冗余服务指的是胖东来会提供看似冗余，但实际上极具价值的服务，如为顾客的孩子提供爱心糖果，为顾客的电动自行车提供防雨车罩等。这些服务可能不经常用到，但在关键时刻能显著提升顾客体验。超越期待的服务体现在胖东来提供的上门退换货、退差价服务等，如有顾客一周前购买的手机产品降价，胖东来会主动致电顾客退差价。这些服务远超顾客预期，大大提升了顾客满意度和品牌美誉度。全员皆兵式服务指的是胖东来用制度严格要求每位员工都要积极参与服务，无论职位高低，都要积极响应顾客需求。其他超市出现的员工稀缺、购物时难以及时获得帮助的问题，在胖东来得以解决。胖东来的员工密度远高于其他超市，对顾客的需求可以做到有求必应，这正体现了胖东来高标准的服务理念。胖东来还要求员工随时为顾客提供专家式服务，胖东来的导购员不会用"好吃、美观、好玩、好用"等含糊不清的字眼来回避顾客的购物问题，而是会告知顾客所选商品的优缺点、产品成分含量和功效等专业知识。他们会用专业知识匹配顾客的需求，为顾客推荐适合自己的商品，而不是越贵越好。

凭借"商超优等生"的标签，胖东来所在的城市河南省许昌市成了热门旅行目的地，许多网友闻名而来，只为体验胖东来的极致服务。胖东来用实践证明了，通过关注服务的每一个细节，真正站在顾客的角度思考，企业能够在激烈的市场竞争中脱颖而出。这不仅是一个零售企业的成功案例，更带来了关于如何通过差异化服务来塑造品牌形象的启示。

2. 多邻国（Duolingo）

多邻国是一个语言学习网站及应用程序，它凭借优秀的用户体验和服务设计创新，为全球用户提供了更便捷、愉悦的语言学习体验。

截至 2021 年，多邻国提供约 40 种语言的 106 个语言课程，并在不断研发更多的语言课程，至 2023 年，其全球用户已突破 5 亿人。多邻国于 2012 年上架苹果应用商店，并在 2013 年被苹果选为 iPhone 年度应用程序，这也是教育类应用程序首次获得此奖。在 2023 年苹果年度应用奖项（App Store Awards 2023）中，多邻国再次入围年度 iPhone 应用程序。是什么让多邻国如此特别？这要得益于该应用程序出色的用户体验设计。

多邻国深知"万事开头难"的道理，所以从用户旅程的起点开始，便通过一个相对容易的初始练习，为用户提供了充满乐趣和鼓励氛围的起步体验。用户甚至不需要建立账号就可以为自己定制第一堂语言课。在短暂的课程结束后，多邻国会使用表单来询问用户学习新语言的动机是什么，并根据用户的选择结果提供个性化的内容推荐，以达成服务的私人化定制。

在用户深入语言学习的过程中，多邻国巧妙地应用了用户体验设计中常用的蔡加尼克效应。蔡加尼克效应是一种记忆效应，指人们对于尚未处理完的事情，比已处理完成的事情印象更加深刻。多邻国的学习页面和学习任务页面，都会

多邻国学习界面

清晰地展示本次学习的目标，并用进度条的方式展示已完成和未完成的状态。用户每学习完成一个章节、一个课程，就会在视觉层面获得进度信息，页面出现完成激励动画，为用户打造一种正向反馈的循环。这种设计让用户在每一次的学习进步后都能获得成就感，从而增强继续学习的动力。此外，多邻国还利用进度条和挑战任务设计如 30 天打卡活动等，借助人们在意沉没成本的心理，让用户在投入了时间和努力之后，更倾向于持续使用，以免前期的学习投入被浪费。

这款应用程序还是情感化设计的典范。多邻国的吉祥物是一只富有表情的猫头鹰，名叫 Duo，它以拟人化的特征成了增强用户体验的亮点。作为用户学习过程中的伙伴，它不仅减轻了学习中的枯燥感，还能提醒用户完成学习任务，也会在用户遇到挑战时提供支持和鼓励。这只可爱而生动的吉祥物在应用程序与用户之间建立了有效的情感联系。配合无处不在的吉祥物交互设计，多邻国将游戏化元素引入学习过程中，进一步增加了学习的趣味性和互动性，并通过设置金币奖励、等级升级等游戏化机制，激发用户的内在动机，使他们在追求成就感的同时，享受学习的过程。

通过以上一系列细致入微的用户体验设计，多邻国将语言学习过程转化为一段充满乐趣和成就的旅程。它的成功也证明了，深入理解用户需求并提供优质的服务，能够帮助企业赢得用户，并成为企业获取更多市场份额的关键所在。

多邻国吉祥物猫
头鹰Duo

四、商业空间体验

商业空间是讲述品牌故事的立体舞台。企业通过商业空间的设计与布局和消费者沟通，消费者则通过进入和体验这些空间与品牌互动。风格鲜明、氛围舒适、细节考究的空间设计能够强化品牌的独特形象。相反，杂乱无章、安排混乱的空间设计则会削弱品牌吸引力。

优秀的商业空间设计能够为消费者提供一个多维度的品牌感知入口，让品牌的理念、文化和故事得以在空间中呼吸、生长。因此，商业空间不仅是产品展示和销售的物理场所，更是品牌传达的重要渠道，是消费者感知和体验品牌的关键触点。

伊索（Aesop）是一个源于澳大利亚墨尔本的小众护肤品牌，成立于 1987 年，近年来快速成长，2017 年成为其母公司——巴西美妆巨头 Natura 旗下的第一大品牌，并于

2023 年被欧莱雅以约 26 亿美元收购。

伊索品牌灵感来源于《伊索寓言》，品牌理念深植于哲学思想，强调平衡和从容的生活态度。伊索的产品涵盖了身体护理、皮肤护理等多个领域，每一款产品都是对健康生活理念的诠释，致力于提供高品质的护肤体验。

伊索系列产品

伊索的包装透露着理性与克制，黑白文字的标签令人过目不忘，这体现的是伊索品牌秉承极简与实用的精神内核，坚持内在大于形式的美学思想，更关注产品的实际功效，拒绝喧宾夺主的花哨包装。

除了产品，伊索引人注目的地方还包括其商业空间的设计理念。伊索的门店设计将品牌核心理念与在地文化融合，使顾客每一次进入店铺都能开启一段文化的旅程。伊索坚持通过设计与文学构建品牌形象，其商业空间创建了品牌与消费者之间超越物质的精神共鸣，伊索认为这种精神沟通才是促成购物决策的最大动力。

　　伊索在中国大陆的首家店铺选址在上海市东平路，这家店结合了周边的风景与文化，用商业空间展示了品牌对这座城市的独特理解。店铺有着 20 世纪二三十年代老上海的风情韵味，外面的街道边，梧桐树静静伫立，往来的游人、住客熙熙攘攘地漫步经过一栋栋小洋房。店铺内使用了大量从贵州开采的石材，展台以原石作为原料，经手工打磨，刻意保留了石材本身的天然纹路，体现着时间镌刻为岩石带来的岁月风韵。石台与空间顶部的麦秆装置相呼应，让人想起上海旧时的茅草船屋、提篮和草席。门店的庭院里还摆放了几把可乘凉的竹椅，这些竹椅并非艺术家之作，而是从上海本地的二手市场淘来的。当顾客走进院内，儿时在弄堂里纳凉小憩的深刻回忆会被唤醒。同时，门店院内还栽培了佩兰、秋牡丹等中国人熟悉的中草药植物，当顾客在庭院中休憩时，会被这股熟悉且安心的味道包裹。

伊索上海市东平
路店

伊索在上海的另一家门店——静安嘉里店，则是从景德镇收集废弃陶瓷，通过解构再融合，打造了门店空间内部的地面，还邀请了从事彩灯制作的李文涛师傅，用古法制作巨型纱纸灯笼，作为主灯悬挂在空间顶部，将店铺打造为中国人熟悉、备感亲切的高品位空间。

伊索上海市静安嘉里店

作为一家澳大利亚品牌，伊索能够将这些属于中国人记忆碎片中的文化元素巧妙地挖掘出来，是因为伊索在每家门店开工之前，都会深入街区了解当地文化特色，并观察周边居民的生活习惯，进而将这些与品牌自身的哲学相融合。这种店面设计思路，正是品牌价值观"平衡"的切实表达。

伊索在遵循店铺在地化设计原则的同时，还确保在多样化的风格中仍能传达统一的品牌形象。品牌遵循着"七成精准，三成自由"的空间设计法则，使门店总是保持着强烈的秩序感——低调、和谐的单色调店面内，贴着黑白标签的产品如标尺测量过一般整齐摆放。在门店入口的大面积产品陈列柜中，产品总是以奇数成组，多组铺陈开来，形成一整面高度整齐的产品展示墙。这正是品牌价值观中精准、理性的表达。

伊索不只将商业空间视为产品陈列的空间，更是将其作为构建和传播品牌文化的介质，商业与艺术的平衡性在此得到了充分体现。也正是这份对营造商业空间体验的执着，使得伊索成了可媲美苹果零售店的建筑界"网红"，每家门店开业时，都吸引着各地的文艺青年前去体验打卡。空间作为承载伊索品牌精神与文化的最佳载体，助力这个小众品牌一步步走入大众视野，在商业上取得了引人瞩目的成功。

五、传媒体验

传媒承载着公司及其品牌的声音，并在公司与消费者之间架设沟通的桥梁。传媒沟通将品牌与各种人物、场景、故事、体验、感受和产品连接起来，通过在消费者记忆中塑造品牌形象，助益品牌资产的形成与积累，对促进产品销售具有长期作用。

1. 贝纳通（Benetton）

贝纳通是贝纳通集团旗下的服饰品牌，创建于 1965 年。品牌旗下用色彩诉说其时尚主张"多元、无界限沟通"的 United Colors of Benetton（全色彩的贝纳通）系列在国内的知名度更高，对于"80 后"或者更年长的人来说，知晓贝纳通品牌往往不是因为其五彩斑斓的服饰风格，而是因为该品牌发布的关注世界变化而又充满争议的广告。

　　贝纳通的广告常常能引发广泛的讨论，人们对于贝纳通的广告要么爱，要么恨，几乎没有中间立场。这种广告策略正符合品牌创始人露西阿诺·贝纳通（Luciano Benetton）的要求：广告的目的不是卖出更多衣服，而是传达企业的价值观。贝纳通集团前创意总监奥利维罗·托斯卡尼（Oliviero Toscani）也是这么做的。托斯卡尼是意大利著名摄影师，他最擅长透过影像说故事，其作品游走于现实与超现实之间，极具开创性和实验性。由他创作的贝纳通广告充斥着 20 世纪八九十年代罕见的多元化元素，涉及种族歧视、宗教冲突、政治等问题，甚至会出现艾滋病这类看似与时尚毫不相关的主题。

　　下图是托斯卡尼为贝纳通创作的经典广告。画面中，一个白人孩子与一个黑人孩子相互拥抱，两个女孩展示了两张无辜而纯真的脸。但画面中的孩子真如成人印象中那般天真无邪吗？左边的女孩拥有天使般的笑容，右边的女孩则不苟

贝纳通广告，讨论
种族歧视问题

言笑，注视良久，甚至能感受到一丝吊诡的气息。这是一场刻意塑造的视觉反讽，影射着有关种族歧视的议题。

贝纳通充满争议的广告策略让这个品牌在全球范围内声名大噪。它的广告不仅塑造了品牌独特、反叛的价值观，还深刻地影响和加速了全球文化的演进。20世纪80至90年代是贝纳通的鼎盛时期，其色彩缤纷的服装产品和独一无二的广告文化，让竞争对手西雅衣家（C&A）、玛莎（Marks&Spencer）、耐斯特（Next）等全球著名服饰品牌都黯然失色。

2. 耐克（Nike）

成立于1964年的耐克，凭借其一系列影响深远且富有创意的广告活动，让自己不仅成为一个世界闻名的运动品牌，更成了一种文化符号。

耐克标识与品牌口号

打造超越产品本身的情感品牌，是耐克在20世纪八九十年代的重要广告策略，耐克的传媒营销重点是激发消费者的特定情感，而非直接展示品牌生产的产品。历史证明，这种思路有效强化了耐克品牌与消费者的情感联系，从而驱动消费者因文化和精神要素选择该公司的产品。

耐克标志性的品牌口号"Just Do It"（只管去做）具有巨大的号召力和影响力，几乎每一个耐克产品的购买者都知晓这一宣言，这也代表耐克的核心精神融入了品牌的血脉之中。正是通过传媒，耐克首次提出了这一口号，并鲜明地塑造了其公众形象。1988年，耐克发布了第一个展示"Just Do It"的广告。广告画面中，80 岁的旧金山跑步社区的标志性成员沃尔特·斯塔克（Walt Stack）在金门大桥上奔跑，老人一头白发，但仍精神矍铄、面带笑容地奔跑着。斯塔克一生中大约奔跑了 9.9 万千米，是当时旧金山的偶像。耐克尝试将自己的品牌精神与斯塔克一生的运动精神相结合，配合片尾"Just Do It"的宣传语，其精神内涵令人动容。有美国职业篮球联赛专题撰稿人观看过这个广告后评价道："这个口号不仅很棒，且平易近人，最重要的是，它足够模糊，任何人都可以将它应用到他们想要做的任何事情上。"这句带有普适性，能激发无数人心底原动力的广告语，为耐克数十年的成功奠定了基础。

自 1984 年起，耐克与美国传奇篮球明星迈克尔·乔丹（Michael Jordan）合作，开启了体育营销的新纪元。耐克深知乔丹在篮球界的影响力，因此专门推出了为乔丹设计的 Air Jordan 篮球鞋。这款鞋以乔丹独特的风格和卓越的球场表现为灵感，推出后迅速成为篮球爱好者和时尚追求者的热门之选。同时，耐克巧妙地通过乔丹在 NBA 的辉煌成就，塑造了品牌勇敢、创新和取得胜利的内涵。乔丹不仅在球场上展现了非凡的才华，他的个人魅力和风格也被耐克用于广告宣传，进一步加深了耐克品牌与卓越运动表现的联系。通过电视广告、平面媒体和大型活动的广泛推广，耐克与乔丹的合作不断巩固了耐克作为全球领先体育品牌的地位，同时也推动了篮球文化的全球普及。

除了与顶尖运动员合作之外，耐克还积极参与各种社会和文化活动，通过广告、宣传片推广健康的生活方式和积极的生活态度。耐克也常常参与社会议题的讨论，通过与话题领袖联名在传媒发声，将自己塑造为社会前沿文化的发起者和讨论者，树立了行业领导者的地位。

耐克用实践证明，品牌的每一次传媒沟通，都能够成为塑造品牌形象、传播品牌文化的有力工具。品牌为消费者带来的传媒体验，将不断塑造品牌与消费者之间的关系。

Chapter Two

-1-　第一节
品牌镜像

一、品牌镜像模型

"品牌镜像"是上海交通大学设计趋势研究所于 2022 年构建完成的方法论模型，它完整地展现了新消费时代下品牌与消费者沟通的路径。通过这一模型，我们能够解释先进企业的演进路径，并为企业的品牌与产品的精益化定位指引方向。

品牌镜像方法论最早源于笔者于 2003 年进行的一项研究。笔者研究了当时国内学界对中国社会的阶层细分理论，如社会学学科研究和相关书籍中提出的"五大社会经济等级"和"十大社会阶层"等中国社会细分方法。但在我们应用过程中发现，这些理论并不适用于消费者的细分，用这些方法只能区分出消费群有职业、社会威望的区别，缺少对不同人群更本质的差异的洞察。同时，我们也发现，用人口统计变量方法得出的消费者细分结论会出现边界模糊、性质交叉的现象，无益于指导企业进行精细化的产品开发。基于这些研究，笔者于 2005 年发表了《中国消费者的简单三分法》一文，用类型学说从现象出发来分析中国消费者。

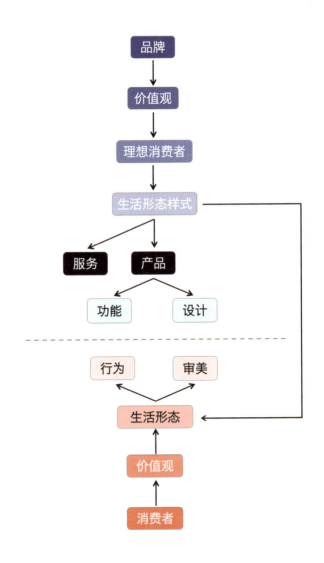

品牌镜像全景

2004 年，笔者对当时中国新中产阶层消费者做了进一步调查研究,并完成了松下电工（中国）有限公司委托的"上海市新中产阶层家庭料理行为和厨房设计研究"。在这个项目中，我们对近 20 个不同类型的新中产阶层家庭进行了深入调查，对不同用户在厨房里面的行为进行摄像记录，分析他们的行为与价值观、生活形态的关系。我们收集各个消费群体的收入模式、消费价值观、生活形态和各群体对某种产品的使用习惯和审美偏好等信息，并依次梳理因果关系。

通过本次研究，我们推导出了一个消费群体行为的普适性逻辑链条：一个消费群体的收入模式决定了此类群体的消费价值观，而他们的消费价值观又影响了这个群体的生活形态。某个消费群体的共有生活形态决定了这个群体对某种产品的使用习惯和审美偏好。至此，我们发现，用"收入模式、消费价值观、生活形态、产品使用与偏好"这条逻辑链来解释消费者的产品喜好是有效的。

前述研究还发现了一个问题，社会学、心理学研究者在实地调研之后会不断地对素材进行总结和归纳，这样虽然得到了合理的结论，但丢失了很多细节信息或具象信息，感性信息全部转化成了理性的数据和结论，而这些细节信息和具象信息对产品设计和营销非常重要,蕴藏着大量的设计灵感。

2006 年，笔者发表了论文《类型－具象法——一种设计调查方法及其应用》，该文创建了小样本深入调研的基本方法：首先在合理的消费者细分模型下精准取样，然后对消费者样本进行深入调研，最后在调研报告中总结基本规律，并保留大量鲜活的具象信息和细节。

2022 年，我们结合 20 多年与国内外多个著名企业深度合作的研究经验，重新梳理了品牌战略、产品企划、消费者细分、企业与消费者沟通策略等领域的多个方法结论，基于拟人化沟通的原理，在品牌端建立了一个消费者端模型的镜像，最终形成了第 036 页图中这套品牌镜像模型。

这一模型将品牌与消费者进行了镜像对应，从企业端的品牌、价值观、理想消费者、生活形态样式、产品与服务，到消费者端的价值观、生活形态、审美与行为层面一一展开，解释了品牌与消费者不断加深的联系。

二、品牌镜像的五个步骤

1. 步骤一：功能导向

品牌镜像理论的雏形阶段是功能跟随行为。基于对消费者的需求分析可以推导出消费者的行为，再结合企业的技术或设计创新，就能推导出消费者需要的功能和产品。

衣夹是人类最卓有成效的发明之一，它是功能设计的典范。

衣夹的经典设计

《设计之书》（ *The Design Book* ）是英国费顿出版社出版的"设计经典"系列之一，这本书精选了近 400 年来产品设计历史上最富有创意、美感和影响力的 500 件产品，书中收录的第一件产品便是衣夹。衣夹是基于消费者行为设计产品

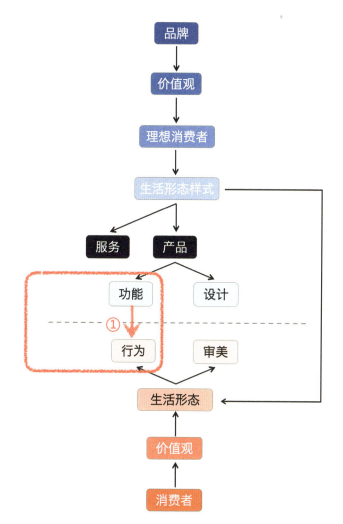

品牌镜像步骤一：
功能导向

功能的经典案例之一。其最初的设计只是一个上面带有裂口的木片，方便将衣服固定在晾衣架上，后经巧匠改造加入了铁丝，形成了如今的实用结构。这个经典产品自 19 世纪 50 年代发展至今，材质、形态等随着时间而产生了多样的变化，但是基于人们晾衣行为所设计的核心功能被保留下来，直至今日仍然便捷有效。

2. 步骤二：消费者审美差异性

仅仅研究消费者的生活需求是不够的，我们还要研究目标消费者的审美特征。这就要求品牌在进行产品开发时，除了关注产品的功能设计，还要将不同消费者的审美差异性考

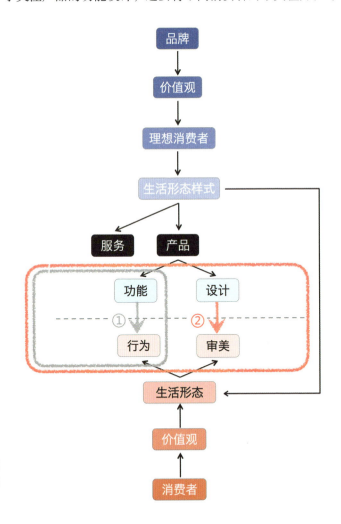

品牌镜像步骤
二：消费者审美
差异性

虑进来，为不同人群提供与之匹配的产品式样设计。

　　三星的 Galaxy S23 旗舰系列分别推出了 Galaxy S23、Galaxy S23+ 和 Galaxy S23 Ultra 三款机型，这三款机型无论在性能、参数还是造型上，都针对不同消费者的功能与审美需求进行了差异化的设计。

　　针对追求高端和奢华感的消费者，三星推出了 Galaxy S23 Ultra。该款手机在外观上较为硬朗，兼具现代感和奢华感，这种稳重大气的设计能够匹配那些注重品质和商务属性的消费者。为了迎合年轻且注重时尚和个性的消费者，三星推出了 Galaxy S23。这款手机尺寸较小，线条柔和，在外观上更具时尚感和动感。同时，机身采用轻量化的材质，提供多样的年轻化色彩。Galaxy S23+ 则介于以上两款机型之间，该手机的外观造型虽然与 Galaxy S23 一样，但是尺寸更大，材质更优，适合那些既重视年轻时尚的外观又注重精致性和品质感的消费者。

三星Galaxy S23
Ultra（左）、
Galaxy S23+
（中）、Galaxy
S23（右）

3. 步骤三：推荐生活形态样式

品牌镜像理论的第三个阶段是品牌通过推荐生活方式来与消费者沟通。品牌通过构建包含生活方式内容的场景，对其中丰富的产品、环境、人物、气氛、故事情节等要素进行精心设计，向消费者推介一种理想的、富有吸引力的产品使

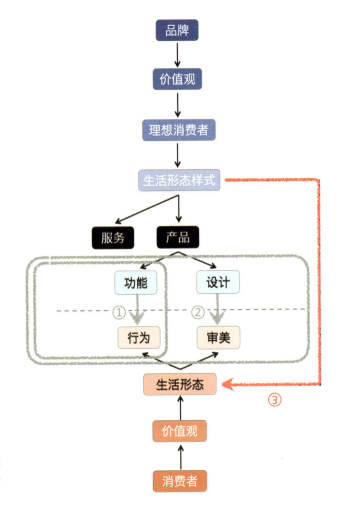

品牌镜像步骤
三：推荐生活形
态样式

用环境，从而实现与消费者的高效沟通。

索尼电视机产品序列的排布就是一个典型案例。在以往电视机的销售阶梯中，很多企业都是根据电视机的性能、参数等产品特性形成低档、中档至高档的产品序列。索尼电视机也采用了三档产品序列，但划分依据不再是价格，而是场景，即电视机档次由低到高分别对应着娱乐场景、家庭场景以及影音室场景。

考虑到大多数年轻人初入社会，个人经济能力有限，所以，索尼的低端电视机为这群喜欢打游戏、看球赛的年轻消费者打造娱乐场景。而购买索尼电视中端产品的消费者一般已经建立了家庭，他们购买电视机是为了满足家庭需求，所以第二档产品针对这群消费者的生活形态打造家庭场景，如主打家庭多人游戏场景、提供儿童护眼场景等。高端产品的消费者往往追求更高的品质和更震撼人心的视觉享受，因此，高端产品致力于为消费者打造影音室级别的场景，采用最先进的影视呈现技术，如此一来，其电视产品的价格也水涨船高。

4. 步骤四：产品与品牌协同提升

品牌镜像的第四个阶段旨在说明产品与品牌协同提升的重要意义。社会在不断进步与变化，品牌也要适应时代，主动倡导新的产品价值与审美。

20世纪60年代初的美国社会掀起了盛行年轻人文化的浪潮。第二次世界大战后成长起来的年轻人生活安定，没有经历过时代的磨难，大多以自我为中心。为了满足他们对个性与自我的需求，福特（Ford）公司决定设计以前排驾驶位为中心的新车型。第一代的野马汽车（Mustang）于 1964 年 4 月 17 日在纽约世博会上首次亮相。与当时比较主流的"肌肉车"（Muscle Car）不同，这辆车只提供前排座位，配置大马力引擎，采用硬派但充满动感的车身造型，这种创新的设

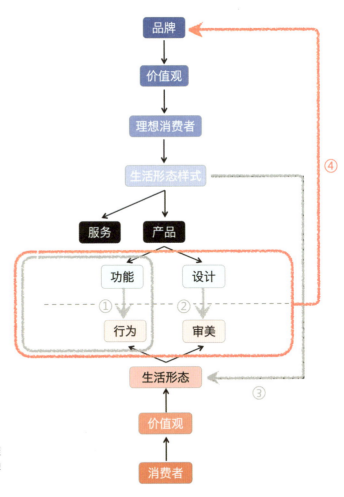

品牌镜像步骤四：产品与品牌协同提升

计在汽车领域一举开创了一个名为"小马车"（Pony Car）的全新细分市场。

　　野马汽车以较低的价格和不俗的性能，成了无数年轻人"跳一跳就能够得着"的梦想之车。因此，这款车型在上市后仅一年，销量就超过 40 万辆，远远超出福特公司最初的预期。野马汽车很快成了美国文化的一个标志，它不仅在年轻人中极受欢迎，还出现在多部电影和电视节目中，成为美国精神的象征。依托野马汽车的成功，福特品牌也焕然一新，使其运动基因深入人心，重新获得年轻一代的关注与喜爱。

野马汽车

　　领克汽车是吉利汽车集团旗下的高端品牌，成立于 2016 年。至 2023 年底，领克汽车旗下已有 6 款车型在售，2023 年内售出汽车 22 万多台。作为一个新兴品牌，领克汽车凭借多款明星产品快速在行业内站稳了脚跟。

领克汽车

领克汽车是如何用产品与品牌协同提升的策略打开市场的？其实，领克从第一辆车开始，就围绕着品牌核心价值观——个性、开放、互联打造产品。2017 年 11 月 28 日，领克首款车型——领克 01 在宁波国际赛车场正式亮相。领克 01 采用全新的家族化造型语言，开创出"都市对立美学"的设计理念，拥有极具差异化的设计。领克的多场新车发布会都选择在赛车场举办，也暗示了领克汽车的运动基因。2018 年 10 月 19 日，领克汽车在日本富士国际赛道发布了运动轿车领克 03，随后几年中不断迭代，相继推出领克 03+、领克 03++ 等高性能轿车。此外，领克汽车积极参与各类国际赛车赛事，并取得傲人成绩。2019 年，领克车队首次使用改装后的领克 03+ 参加房车世界杯（WTCR）即获得了年度车队总冠军。对于汽车企业来说，赛车场是展现技术实力的重要舞台，也是汽车性能、新技术、新车型的检测场。领克汽车不断用成绩证明了中国品牌、中国制造、中国车手的不凡实力，也为旗下产品的质量和技术赢得了良好口碑。

通过准确的产品设计定位、精准的营销策略，领克汽车在中国消费者心中成功树立了运动化品牌的定位形象，这使领克成为附加值较高的新兴国产品牌之一。

5. 步骤五：品牌镜像全框架沟通

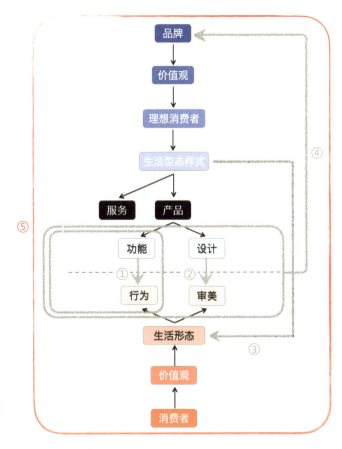

品牌镜像步骤五：品牌镜像全框架沟通

品牌镜像全框架是指品牌在战略布局中综合自身的核心价值观，使其与目标消费者的价值观相互呼应。品牌根据自身的价值观发展出相应的具有人格化特征的品牌形象（如理想消费者、生活形态样式、产品与服务），再将这些要素打包，推介给市场，吸引具有同样价值观和审美的消费者。

品牌镜像全框架沟通能够帮助品牌从多方面、多维度与消费者建立层次丰富的连接，使消费者在与品牌互动的过程中全面认识品牌，并在情感上认同品牌。

MINI 是宝马集团旗下专注于小型汽车设计的子品牌，最早于 1959 年由英国汽车公司（BMC）推出。设计这种小型车最初是为了应对当时石油危机下，欧洲燃油严重紧缺的社会问题。为制造这款灵巧、易操作的小型汽车，工程师创新性地改造了车身结构，重新安排了发动机布局，避免侵占过多乘坐空间。这款车巧妙的重心分布及适当的轴距和轮距带来了令人惊喜的操控性，甚至在多个国际比赛中超越一众跑车取得了优异的成绩。MINI 汽车的历史可谓传奇，它深刻影响了那个时代的汽车文化。

宝马汽车公司 2000 年接手 MINI 品牌后，延续了 MINI 品牌的历史底蕴和产品价值，将 MINI 品牌定位为"一个为都市而生的品牌"，致力于"用最少的资源，提供最丰富的体验，用智慧和创意解决都市问题"。

宝马 MINI 致力于成为都市年轻人生活的一部分，倡导在有限的空间内，打造充满创意的生活方式。面对新时代消费群体的变化，MINI 将品牌的理想消费群体设定为"都市游牧民族"，即在城市中过着流动、多样化、富有创造性生活的人。在设立了理想消费者形象之后，品牌将这种形象融入生活形态的展示之中，不断在传媒中展现年轻人朝气、活力、自由、愉悦的形象，同时，它们的广告片总是具有浓厚的都市生活气息。

如今，MINI 旗下的系列车型延续了其标志性的紧凑架

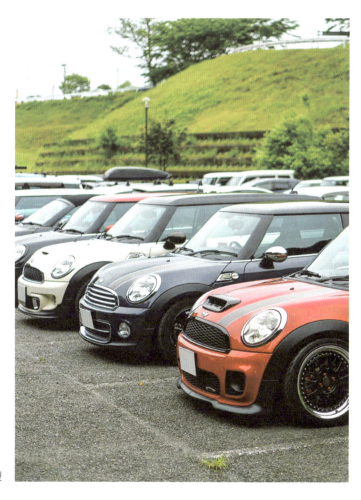

MINI的多色车型

构，能够很好地适应城市交通环境，"为都市而生"的品牌理念可谓名副其实。同时，MINI 车型继续保持了卓越的操控性能，短小的车身、高性能的发动机、优秀的悬挂系统以及精准的转向系统使 MINI 汽车在城市中来去自如。在造型方面，MINI 汽车保留了迷人的历史韵味和高辨识度，其外观设计在融入现代元素的同时，传承着经典而又复古的元素。外观的传承性让 MINI 汽车独树一帜，在全球范围内吸引了诸多"颜值粉丝"。这群消费者热爱艺术与改装文化，MINI 官方为响应消费者的要求，提供车型色彩与材质定制等丰富的选择。品牌还常常与世界各地的艺术家联合举办改装类文化活动，令车身涂鸦成了 MINI 文化的一部分，甚至有 MINI 车主坚定地认为，"无改装，不 MINI"。

宝马 MINI 精准锚定理想消费群体，用产品全方位地体现其品牌价值观，同时，通过营销手段、延伸服务和文化活动，将深厚的品牌文化与年轻人的都市潮流文化绑定，不断向世界推介迷人的生活形态，这使 MINI 品牌对都市中那些追求自由与个性体验、富有创造力和拼搏精神的年轻人具有长久的吸引力。

不管人们是否拥有 MINI 汽车，MINI 品牌的形象都在他们心中埋下了一颗种子，在提到个性化的小型车时，MINI 汽车始终是一个值得向往的存在。这种贯穿全品牌框架的价值观布局不仅满足了目标消费者的生活需求，进一步强化了品牌与消费者之间的情感连接，也有效实现了多层次的品牌沟通。

-2-

第二节
行业价值观关键词体系

一、价值观关键词体系方法论

价值观关键词体系（Value-C）是上海交通大学设计趋势研究所原创的又一核心方法论。这是一个极具普适性的工具，可以用来分析和解释多个行业中包括品牌定位、产品美学定义、用户细分、趋势细分领域遇到的一系列现象。该工

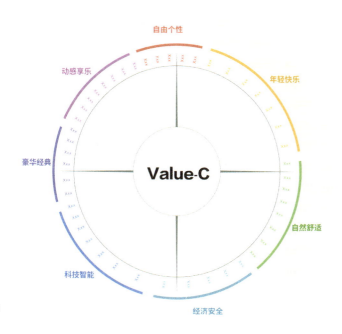

自由个性
动感享乐
年轻快乐
豪华经典
Value-C
自然舒适
科技智能
经济安全

价值观关键词体
系（Value-C）

具的有效性，在团队多年与世界级企业的合作中得到了广泛
验证，并为企业带来了骄人的业绩。

由笔者团队搭建的价值观关键词体系诞生于 2008 年，
其底层理论源于奥地利心理学家阿尔弗雷德·阿德勒（Alfred
Adler）提出的自卑补偿理论。自卑补偿理论认为，消费社
会中个体行为的动机本质来源于"对成功的渴望"和"对
自卑感的补偿"。该理论提出了两个最重要的分析维度——
自我与他人（Self&Others）、控制与释放（Control&Release）。
自我与他人维度可以用来描述一个个体是如何处理自我与
他人或社会环境的关系的。阿德勒发现，个人心理需要可
以被划分为两种类型：一种类型的个体更倾向于以自我为

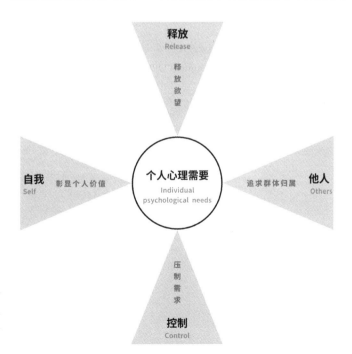

阿尔弗雷德·阿
德勒针对个人心
理需要的两个分
析维度

中心，追求个人价值的彰显；而另一种类型的个体更倾向于将自己安置于群体的位置之中，寻求群体的归属感。控制与释放维度则可以用来描述个体是如何处理个人情绪和需求的。一个个体更倾向于释放情绪还是控制情绪，会形成截然不同的处事风格，进而影响他们的消费决策。通过对这两种分析维度的研究，我们得以揭示消费者行为的底层动机。

笔者团队基于阿德勒的自卑补偿理论，于 2008 年和 2010 年，与两家车企合作，搭建了汽车行业的价值观关键词体系。首先，我们进行的工作是抓取关键词，对汽车行业 16 个主流品牌（奔驰、宝马、奥迪、雷克萨斯、大众、别克、雪佛兰、福特、丰田、本田、日产、马自达、现代、讴歌、英菲尼迪、沃尔沃）各自官方网页文案中出现的描述品牌、产品的关键词进行了全面收集与深入研究，总计获得了 7300 余个关键词。接下来，我们将这些关键词在阿德勒提出的两个维度——自我与他人、控制与释放之上依次进行了价值观定位。在定位的同时，我们对这些数量庞大的关键词进行了词义聚类。在经过两层聚类、整合成组之后，形成了包含 38 个一级语义关键词的汽车行业价值观关键词体系。

2022 年，上海交通大学设计趋势研究所与上汽奥迪合作，对汽车行业的价值观关键词体系进行了全面更新。研究团队抓取了汽车行业 20 余个主流品牌、豪华品牌、国内新势力品牌的中英文网站上的全部关键词，并对其中有关品牌和产品描述的关键词进行了广泛收集与深入研究。团队将抓取到的 6500 余个关键词通过词义聚类后，整合得出 46 个一级语义关键词，这些关键词完整地表达了汽车行业中常见的价值观。之后，我们对 46 个一级语义关键词进一步整合成组，最终得到了汽车行业的七大价值观。

对于企业面临的消费者差异化细分、品牌定位、产品定义等任务而言，价值观关键词体系无异于一张行业地图，能够指导企业的品牌战略和设计定义。

二、价值观关键词体系的七大价值观分类

价值观关键词体系基于汽车行业的价值观特性，对阿德勒提出的两个分析维度进行了升级。价值观关键词体系的横轴两端分别代表力量与归属：力量部分侧重于个人的

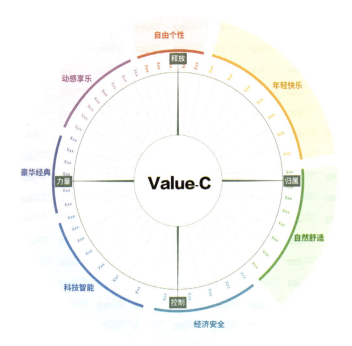

价值观关键词体
系的七大价值观

视角，是对个人能力的推崇与彰显；归属部分则侧重于群体视角与利他的考量。纵轴的两端分别代表控制与释放：控制代表个人情绪能量的向内收敛与约束，带有严谨的理性色彩；释放代表个人情绪与能量的向外宣泄与表达，富有极致的感性色彩。

汽车行业是历经百年发展的成熟产业，我们发现，其行业价值观涵括的关键词全面而广泛，基本可以用来描述绝大多数行业内发生的各种现象。基于多年来针对不同项目海量关键词的聚类研究，我们将价值观关键词体系分为七组，分别是"自由个性""动感享乐""豪华经典""科技智能""经济安全""自然舒适""年轻快乐"。

1. 自由个性

这类价值观关键词强调个人需求的满足和个人情绪的释放，同时包含打破一切约束的感性力量，展现了自由的内心感受和对个体独特性的酣畅表达。这类关键词在汽车领域表现为强调车辆性能和标新立异的造型特征。

2. 动感享乐

这类价值观关键词往往描述对力量感的推崇，追求运动与速度带来的情感宣泄，富有个人享乐主义色彩，同时表达了勇于探险的领袖精神。这类关键词在汽车领域表现为将汽车驾驶中动感、强劲的姿态，以各种设计手段凝刻在造型之中，给人以高速度和力量的联想。

3. 豪华经典

这类价值观关键词往往描述那些依靠强大的个人力量获

得的丰裕的物质价值，以及对其身份地位的彰显。这类关键词在汽车领域表现为端庄威严、优雅得体的造型气质，同时展现了高端的车辆质感与优质的驾乘体验。

4. 科技智能

这类价值观关键词往往蕴含着理性与逻辑精神，并与技术和科技属性强相关。这类关键词展现了一种对事物本质与规律的精确理解和有效安排，蕴含着效率带来的高级感受。这类关键词在汽车领域表现为克制却不失精致的造型表达，会通过车辆的科技属性、造型比例与功能布局展现良好的逻辑安排。

5. 经济安全

这类价值观关键词往往描述对确定性和安全感的追求，侧重理性的考量因素，同时也会与利他意图兼容。这类关键词在汽车领域表现为干净整洁的汽车造型处理，营造平衡稳定的视觉感受，同时展现车辆价值与实用属性的良好匹配。

6. 自然舒适

这类价值观关键词表达了一种创造有利于他人环境的价值倾向，可以安抚和疗愈人们的内心。这类关键词在汽车领域表现为均衡饱满、舒缓柔和的造型特征，配合简约易懂的设计元素，营造舒适、安心的驾乘体验。

7. 年轻快乐

这类价值观关键词描述了与他人分享情绪或境遇的正向感受，展现了向外释放的情绪，但同时收拢了力量感和攻击感，展现出群体归属和利他属性。这类关键词在汽车领域表现为鲜明有趣的造型语言，通过丰富多元的造型元素和车辆功能，令驾乘者共享愉悦的感受。

-3-

第三节
品牌差异化

企业在制定品牌差异化战略时，常常会提及"定位"的概念。定位这个词是非常形象的，在无垠的商业大海中，每个品牌都需要找到一片属于自己的领地，才能在竞争激烈的环境中稳步前行，实现持续的品牌成长。就像探险家穿越荒野，寻找一个适合建立营地的地方一样，品牌需要在市场中找到一个与自身能力契合的位置。通过精准的差异化定位，在消费者心中建立起特定的印象和关联，与其他竞争对手区分开来，差异化将使品牌在市场中占据独特的地位，建立起消费者的忠诚度和认知，从而为品牌的未来发展奠定坚实的基础。

运用品牌差异化定位地图时，企业不仅要考虑纵向层次，以求品牌耕耘的深度，还要和多维度的横向变量相结合，具体可以分为纵向、横向、斜向差异化。对页上图中的模型就能展现品牌差异化的总体划分逻辑。

纵向差异化是以价格为主要划分依据，企业将品牌通过价格差异上下拉开，从而体现不同品牌的价值差异。纵向差异化涵盖了产品在品牌层次上的差异化，如汽车有入门级、高端级，甚至超豪华级的产品。

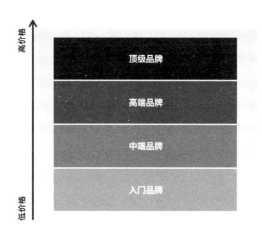

品牌纵向差异化划
分模型

　　横向差异化主要是指企业依据不同于竞争对手的品牌定位、消费人群、产品与服务等，将市场划分为不同的消费类群，并以此安排经营布局，实现市场差异化。

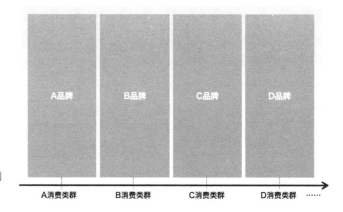

品牌横向差异化划
分模型

　　横向差异化可以依据一个或多个细分变量，将市场划分为不同的消费类群，如男装、女装，儿童奶粉、老年人奶粉等，这是市场中很常见的细分方法。而随着市场经济的进一步发展，商业竞争加剧，横向细分往往变得更加细致。一些企业开始将同一个细分要素再次深入细分，为更细分的消费者提供更多样且更有针对性的产品与服务。

斜向差异化则是对纵向与横向差异化的综合考量，其核心是将消费者价值观以商业附加价值属性进行阶级属性划分，将产品售价高昂的品牌与高附加价值的价值观进行对应，将产品售价亲民的品牌与较低附加价值的价值观进行对应，从而使品牌在消费者价值观与价格两个维度上拉开差距，在不同市场细分中提供定制化的解决方案，实现品牌的差异化定位以及品牌价值观在消费者心中的深层次渗透。

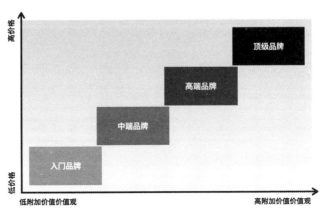

品牌斜向差异化划分模型

一、品牌的纵向差异化

品牌的纵向差异化随着品牌为消费者提供的价值总和变化而变化。在同一个细分市场，既有大众消费品牌，又有高端品牌、豪华品牌，这就是品牌的纵向延伸。阿尔·里斯（Al Ries）曾在他的经典著作《定位》里说道："几乎每一类产品，在潜在顾客的大脑中都有一个梯子,领导品牌在最高一层,第二名在第二层,第三名在第三层。"因此,各个品牌之间存在纵向定位,一个品牌中的各个产品也会形成纵向的产品序列阶梯。

在探究雅诗兰黛(Estée Lauder)集团的多层次品牌战略时,可以发现明显的纵向差异化思路。我们可以从雅诗兰黛集团旗下的几个代表性品牌海蓝之谜(La Mer)、雅诗兰黛、倩碧(Clinique)和悦木之源(Origins)入手分析。这些品牌分别代表了集团在不同市场层次上的战略布局,从顶级品牌到入门品牌,雅诗兰黛集团通过对不同品牌、产品和售价等维度的纵向拉开,构建了一个全面、层次分明的美妆帝国。

雅诗兰黛的纵向
差异化品牌战略

海蓝之谜作为雅诗兰黛集团的顶级豪华品牌,其产品以极高的品质和独特的配方而闻名。这个品牌的定位在于提供顶级的护肤体验,面向追求极致奢华和专业级护肤效果的消费者。海蓝之谜的产品不仅是护肤品,更是一种奢华生活方式的象征。

倩碧作为雅诗兰黛集团的中端品牌，其产品线涵盖了护肤、彩妆领域，并以其温和无刺激的产品特点和科学的护肤理念受到消费者的喜爱。该品牌的市场定位在于提供品质优良但价格相对亲民的产品，适合追求健康肤质和基础护肤的消费者。

悦木之源以其天然的成分和环保理念在美妆市场中独树一帜。这个品牌的市场定位在于提供以自然植物为基础的护肤产品，适合追求健康生活方式和关注环保的消费者。悦木之源的产品不仅强调有效性，更注重成分的天然性和对环境的友好性。悦木之源的产品线覆盖了面部护理、身体护理等领域，每一款产品都致力于通过天然植物的力量解决各种肌肤问题。品牌的核心理念是"天然为本，科学为证"，这不仅体现在产品成分的选择上，也贯穿于其包装设计和整体品牌传播中。例如，悦木之源积极采用可回收材料进行包装，并在全球范围内推广环保活动。

通过这样多层次的品牌战略，每个品牌都有其独特的市场定位和目标消费群体，共同构成了一个互补和多元化的品牌体系。雅诗兰黛集团不仅成功覆盖了从普通大众到顶级消费人群的市场层次，还能够针对不同消费者的需求提供更为精准的产品和服务。

二、品牌的横向差异化

如果说品牌的纵向差异化是品牌覆盖的深度与高度，那么品牌的横向差异化就是品牌触及的宽度。横向差异化通常与市场细分策略挂钩，营销学中的STP理论作为现代市场营销战略的核心，其主要内容分为三步：市场细分（Segmenting）、目标市场确定（Targeting）和定位（Positioning）。由此可见，不管是市场定位还是品牌定位，市场细分都是前提。

横向市场的细分方法通常基于一个或几个主要的细分变量，如消费者的年龄、性别、地理位置等；也可以基于同一产品的不同功能属性，如新能源车型、燃油车型，或轿车、SUV、商务车等；还可以简单地基于产品的型号和尺寸进行划分。只通过粗浅的商品种类或消费者类群进行横向细分的方法在如今的商业环境中已比较常见，它能够帮助企业了解市场的大致构成，快速丰富产品线，但是无法帮助企业捕捉到消费者更深层次的特点和需求。

进入市场竞争中后期或者行业规模较大时，更深入的横向差异化方法就派上用场了，一些企业开始将涉及的市场划分为更小的特定细分市场。深入的横向差异化方法通常基于更多的细分变量，如针对某一个消费者类群。进一步研究其个人价值观、兴趣、行为和生活方式等。基于对消费者的深度洞察进行品牌规划和产品开发，可以为不同人群提供定制化的产品和服务，且有助于品牌建立更清晰的差异化定位，并强化产品在市场中的竞争力。

1. 服装电商品牌希音（Shein）与ThirdLove

服装行业是应用横向差异化细分方法最广泛的行业之一。即使在竞争如此激烈的行业，更细致的横向细分仍能为企业创造巨大的商业机遇。

　　一般来说，服装在尺码上的细分主要为小、中、大、加大这几个型号，有些服装甚至只有均码。快时尚品牌希音为了适应消费者不同的身材，为一款衣服推出多达 8 种不同尺码，这一产品策略，使得希音的市场份额得到了快速扩张。

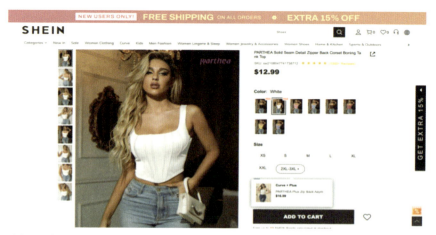

希音女装官网的购物页面，一款女装提供8种尺码选择

　　美国内衣电商品牌 ThirdLove 更是把尺码细分运用得炉火纯青。如今的内衣市场对于舒适度和个性化的追求潮流日盛，ThirdLove 关注到了这些需求，并推出了专注女性舒适度的内衣产品线，并在其电商平台为不同身材的女性提供多达 78 种不同的尺码，进一步突破了主流的尺码四分法和希音的八分法。

2. 凯悦（Hyatt）酒店集团

　　凯悦酒店集团是一家国际性的豪华酒店管理公司，旗下拥有 28 个各具特色的酒店品牌。集团通过深入了解高端市场消费者的价值观差异，使每个品牌都对标高净值人士的不同出行需求，提供符合特定消费者生活方式和审美的酒店服务。

凯悦嘉轩酒店（Hyatt Place）侧重为快节奏的商务人士服务，酒店位于交通枢纽区域，客房宽敞整洁，拥有灵活的办公社交空间，包括商务中心或会议室，为商务人士提供便捷且周到的差旅体验。阿丽拉酒店（Alila）将目标客群定位为热爱探索的旅行者，突出原汁原味的当地风情，包括自然风貌、传统文化和当地社区活动，酒店的设计追求融入周围景观，与当地文化和谐共生，贴合旅行者对深度旅游的追求。阿鲁阿酒店(Alua Hotels&Resorts)皆位于热门海滨度假胜地，致力于为情侣或家庭提供专属的全包式度假体验，通过干净、

凯悦集团酒店横向差异化品牌战略

清新的风格向消费者传递亲和感，以多样化的服务设施满足家庭旅行中每位成员的娱乐需求。

凯悦酒店集团旗下的每一个品牌都针对不同的消费人群特征以及对应的出行场景特征，以不同的服务理念在市场定位上表现出明显的横向差异化，从而在全球范围内广泛覆盖各种市场细分，保持其在酒店行业的领先地位。

三、品牌的斜向差异化

多年来，各种文章、书籍对品牌的纵向和横向差异化的描述十分详尽，这两种差异化也成了知晓度高、普适性强的细分方法。然而，经过与世界级企业的长期接触和深度合作，我们发现这些企业其实在采用一种更加先进的品牌差异化方法——斜向差异化。正是通过这种细分方法，世界级的品牌才拥有惊人的商业影响力，并且在竞争激烈的环境下品牌长盛不衰。

品牌的斜向差异化融合了纵向与横向差异化的优势，使企业旗下的多个品牌既能跻身顶级豪华市场，又能下探覆盖大众市场，占领多层次的价格区间市场。他们是如何做到的呢？其关键在于基于消费者洞察的价值观细分：企业会将高端化品牌的核心价值观与高净值人群的价值观绑定，并跟进与之匹配的产品与服务。而大众化品牌的核心价值观应贴合大众消费人群的内在需求，并为其提供合理的产品与服务。

上海交通大学设计趋势研究所通过多年的用户研究也印证了这一点。我们通过大量的用户访谈与入户调研发现，购买高级消费品的消费者往往更关注自我，他们追逐个人力量和卓越成就的表达，热爱探索生活的边界，对产品的高级感、个性化和定制服务的需求极高，渴望通过产品表现自我身份和品位。顶级品牌通过深入理解这类消费群体的价值观，并满足他们的深层次心理需求，提供独特且高品质的产品，在品牌层面与消费者建立情感连接，构建与高净值消费者之间的长期、稳固的关系。

高净值人群价值观与审美定义分析

而能在大众消费市场取得成功的企业，其提供的产品往往契合了广大消费群体的共同价值观。上海交通大学设计趋势研究所研究发现，中国中产阶级与城市化后的新兴市民作为大众消费市场的主力群体，他们的价值观具有显著的共同特征。这类人群追寻归属感，具有较强的自然和传统价值观；关注家庭，看重集体利益与价值，喜爱舒适、安心的感受；期待售价合理、品质优秀的产品。大众消费类品牌通过准确理解和满足这类消费者的价值观与需求，就能在竞争激烈的市场中脱颖而出，占据较大的市场份额。

中等收入群体价值观与审美定义分析

大众集团作为世界顶级车企，旗下汽车品牌包括了从经济品牌、高端品牌到顶级豪华品牌的全矩阵，涵盖了各种细分市场和消费群体。

纵向方面，大众集团旗下的乘用车品牌在国内分别占领了四大价格区间市场。大众（Volkswagen）、斯柯达（Škoda）、西亚特（Seat）作为3个经济品牌，占据了10万～30万元售价区间的大众消费市场；奥迪（Audi）作为高端品牌，占据了30万～200万元售价区间的消费市场；保时捷（Porsche）、宾利（Bentley）是集团旗下的豪华品牌，主要占据了100万～500万元售价区间的汽车市场；而兰博基尼（Lamborghini）、布加迪（Bugatti）作为顶级豪华品牌，其部分车型售价高达千万甚至过亿。

大众集团旗下品牌不仅通过价格进行纵向差异化区分，还为不同的品牌塑造不同的形象与定位，并基于不同的消费者类群，用横向差异化的手法对各品牌的核心价值观进行清晰明确的区分。从经济品牌到高端品牌，再至顶级豪华品牌，不同品牌代表的核心价值观对应着商品经济价值层层递进。

比如，斯柯达以其高性价比和宽敞的内部空间被市场记忆和认可；西亚特主打年轻化经济市场；大众是大众集团的核心品牌，以实用性和可靠性闻名世界；奥迪以先进的四驱技术和理性俊朗的设计打开市场；宾利是英伦经典与奢华座舱的代表之作；保时捷是性能与豪华感的完美融合，是激情与享受的代名词；兰博基尼以强大的性能和个性化的设计被人们憧憬；而布加迪则是极致性能的体现，代表了汽车工业中的最高技术水平，象征着大众集团在汽车工程和设计领域的顶尖成就。

大众集团旗下乘用车品牌的纵向差异化分布

大众集团的品牌策略不仅在于其多元化的市场覆盖，更在于伴随消费者的成长和价值观的递进而逐步引导他们向更高端的品牌转移。例如，斯柯达、西亚特或大众品牌的入门车型，以其经济实惠的价格和可靠的产品力成为许多初次购车的年轻消费者的首选。这些品牌在市场消费入口处成功拦截了年轻消费者，为他们提供了初入汽车世界的优质选择。随着这些消费者的成长，他们的经济能力和生活需求逐渐发展变化，大众集团旗下的中高端品牌，如奥迪，更高端的保时捷和宾利，甚至属于顶级商业成功者座驾品牌的兰博基尼和布加迪，便成为消费者在不同人生阶段的理想选择。可以看到，消费者人生阶段的价值观的发展和变化，恰好与大众集团品牌体系中从低端到高端的梯队布局吻合。这种策略巧妙地覆盖了消费者一生的需求，从年轻时的经济实用到成熟后的奢华享受，大众集团的不同品牌能够陪伴消费者历经不同的人生阶段。

大众集团斜向差异化品牌战略

大众集团的品牌斜向差异化策略充分展现了其深思熟虑的市场规划和对消费者心理的深刻洞察。这一策略的成功，不仅体现在销售数字上，更在于它巧妙地将不同品牌的核心价值观与消费者的需求和期望相匹配，从而构建了广泛的市场认可和持久的品牌忠诚度。通过精确的市场定位和品牌分层，大众集团不仅在全球范围内建立了强大的品牌影响力，还在持续的创新和发展中保持了行业领导者的地位。

Chapter Three

-1-

第一节
品牌与消费者的沟通

一、品牌与消费者沟通的三个层次

2019 年，中国人均 GDP 首次突破 1 万美元，这意味着中国已经进入中高等收入国家前列。近三十年来，国内经济快速发展，越来越多的中国居民进入物质生活的"丰裕时代"。"丰裕时代"是一个综合性的社会经济概念，它指的是物质财富的极大丰富，精神消费方兴未艾的社会背景，它不仅反映了社会整体环境的优化、居民收入水平的提升和消费模式的升级，还体现了消费者对精神文化生活更加重视的消费趋势。根据第一章对中国消费时代变迁的介绍可以知道，随着收入水平的提升，消费者不再单纯地追求物质产品的功能属性和使用价值，还注重消费的品质和体验。"丰裕时代"的到来会使消费模式变得更加多元化和精致化，消费者对于一个品牌及其产品的精神和审美价值也产生了更高的期待。

那么企业如何在这样一个多变的市场上，满足消费者日渐精致化、多元化的需求，并在精神与审美层面真正与消费者沟通呢？准确定义差异化品牌、构建清晰的品牌与消费者沟通策略是关键。品牌价值排名机构凯度（BrandZ）的研究数据表明，当一个品牌的定位非常清晰，且具备有意义的差异化，同时还有较强的沟通能力时，其品牌价值增速是普通品牌的三倍。这印证了品牌定位与消费者沟通的重要意义。

上海交通大学设计趋势研究所团队针对企业面临的这一挑战"开出了药方"。团队广泛研究了学界有关消费者认知和品牌、产品情感化沟通的模型与范例，并从丰富的商业项目经验中获取灵感，提出了品牌与消费者沟通的三个层次模型，以解释企业在品牌定位及与消费者沟通中遇到的问题，指引企业采取与之匹配的定位与沟通方法。

模型构筑开始于广泛的学术研究。1957 年，美国临床心理学家阿尔伯特·埃利斯（Albert Ellis）提出了"ABC 态度"模型，它是认知行为疗法（CBT）的前身。在该模型中，埃利斯认为人类的态度（attitude）由情感（affect）、行为（behavior）、认知（cognition）三个要素共同组成。

2003 年，美国认知心理学与工业设计专家唐纳德·诺曼（Donald Norman）在他的著作《情感化设计》中，基于埃利斯的"ABC 态度"模型，提出了情感化设计三层次理论。唐纳德认为，多数物体的设计都是在"本能""行为""反思"三个层次上进行的。本能层次由人类的感官（外观、感觉、气味和声音）决定，产品的物理属性通过刺激消费者的感官形成印象；行为层次关注产品的可用性，通常是对产品的具体作用与功能的感知；反思层次意味着产品对消费者是有意义的，通过在反思层次进行设计，品牌和产品就能在消费者内心建立联系与认同感。唐纳德认为，一个好的设计应该涵盖以上三个层次。

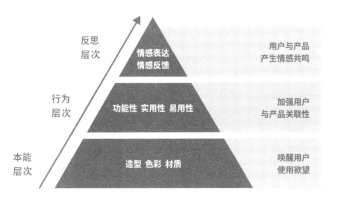

唐纳德·诺曼
情感化设计三
层次理论

日本庆应义塾大学教授松冈由幸针对产品感性设计提出了"惊喜→共感→感动"的进化模型。他将服务产品划分成物理信息空间、语义空间和价值空间三个属性空间。物理信息空间是企业在物理层面与消费的沟通交互，如售货空间和商品介绍标签等。在这里，企业可以为消费者展示基本的商品信息。而语义空间和价值空间则涉及更为抽象的层面，语义空间指消费者接收到商业信息后，大脑对文意的理解活动，而价值空间则意味着消费者对所接受的商品信息产生了感性反应，对该商品的价值感做出了判断。其中，惊喜层面涉及语义空间，共感层面涉及语义和价值空间。惊喜是由对象的新颖性产生的结果，是产品带给用户的第一印象和感觉，侧重于产品角度的属性研究，这些属性引发用户对产品形成积极的记忆和评价。共感是由用户对语义的感知理解和对象在功能方面的优势结合产生的结果，共感层面的设计讲究从用户的角度来理解和满足用户的需求，促使用户产生共鸣感。在感动层面，当产品为用户带来审美惊喜感，产品功能满足用户使用期待后，用户会对产品产生信赖和价值认同，此时用户和产品之间形成了一种强烈的共鸣和共生关系，感动因而形成。惊喜和基于共鸣的价值认同是产生感动的必要条件，是创造感性价值的基础。

日本感性工学会则将感性价值创造分为三个层次。①五感、感觉层次，强调人通过身体五感感知产品信息，主要关注用户通过视觉、听觉、嗅觉、触觉和味觉五种生理感官接触产品信息，感知输入的东西。该层次主要通过产品的造型、色彩、材料和工艺等方面的设计语言呈现产品的物理属性。②个性、品位层次，关注与他人的差异化和共同点，强调产品通过设计带来的独特性和差异性。③内容、艺术和匠艺层次，强调满足消费者求知的好奇心，并对消费者进行文化培育。

学者	第一层次	第二层次	第三层次
感情处理的层次 （诺曼，2003）	本能层次 （造型、色彩、材质）	行为层次 （功能性、实用性、易用性）	反思层次 （情感表达、情感反馈）
感动生成的层次 （松冈由幸，2012）	惊喜 （语义空间）	共感 （语义和价值空间）	感动 （多层次）
感性价值的层次 （日本感性工学会，2007）	五感、感觉层次 （语义空间）	个性、品位层次 （语义和价值空间）	内容、艺术和匠艺层次 （满足求知的 好奇心、文化培育）

情感设计的三个层次

　　以上不同学者和机构提出的三个模型具有一个共同点：都主张将情感或感性设计分成三个层次。

　　上海交通大学设计趋势研究所基于以上学界理论基础，结合过往项目的研究经验，将品牌与消费者的沟通内容划分为三个层次：功能、利益，以及精神与审美。下面详细介绍该模型包括的三个层次的具体释义。

品牌与消费者沟通的三个层次

第一层次——功能

　　功能层次的沟通是品牌与消费者之间最基本的沟通层次。在这个层次，品牌强调产品的技术规格、外观特点、性能参数等，旨在向消费者传递产品的功能信息。而消费者在这一层次沟通中获得的商业体验仅停留在产品和服务的技术层面。

第二层次——利益

　　利益层次的沟通关注的是产品或服务对消费者的个人利益和需求的满足程度。这个层次的沟通可以帮助品牌与消费者建立更直接的连接，因为它强调了产品如何实际地影响消费者的生活和体验。

第三层次——精神与审美

精神与审美层次的沟通关注的是品牌的情感价值、文化意义以及与消费者的价值共鸣。在这一层次，品牌关注情感诉求，超越产品本身的功能和特性，力图传达更为深远、积极的情感，从而引发消费者内心的共鸣和情感连接，触达消费者的精神与审美内核。

二、品牌的精神与审美沟通

我们通常认为人是理性的，趋利避害是基本行为准则，商品购买更是一个理性的过程。但是越来越多的研究发现，人类在消费过程中，非理性因素占据了更大的比例。

商品最早就是为了满足功能而生的，在商品经济的初始阶段，企业只要有效地向消费者传递功能价值就能获得成功。当市场上同质化的商品增多后，聪明的企业发现，进一步宣传品牌旗下的产品能为使用者带来的利益，会为企业赢得更有利的市场位置。而在商品经济进入高度发达的时代后，一些更先进的企业开始关注与消费者在精神和审美层面的沟通，品牌情感化的概念也应运而生。

品牌的情感化变革主要出现在20世纪末和21世纪初，随着市场进入第三次消费升级，消费者逐渐从价格、品质敏感变为品位敏感。消费者对产品和品牌的期望逐渐超越了功能本身，他们不仅购买产品，还希望通过品牌体验来满足情感需求，寻找与自己价值观和生活方式相契合的品牌。品牌也开始意识到情感共鸣可以在消费者心中形成更好的品牌忠诚度，情感体验可以塑造消费者与品牌之间更紧密的联系，这就要求品牌从理性的产品思维转变为感性的服务思维，与消费者进行品牌情感化的沟通。

苹果公司可谓是情感化沟通的著名践行者之一。苹果公司前 CEO 史蒂夫·乔布斯（Steven Jobs）一直批评消费电子行业只关注技术，他认为"情感经济"即将取代"理性经济"。乔布斯对苹果的产品规划无不体现着这一理念：从 1998 年的 iMac，到 2001 年的 iPod，再到 iPad 2 和 iPhone 4，乔布斯用行动告诉消费电子行业，只靠技术计算和硬件参数取胜的时代已经过去，取而代之的是"与消费者产生共鸣""为客户创造难忘的体验"的时代。乔布斯相信，当一个产品能够调动消费者的情绪时，它就带动了需求，这比任何其他差异化策略都要强大。如今，苹果的产品已经被证明成功地影响了消费者的使用行为，苹果定义了用户的生活、娱乐和工作行为，甚至潜移默化地影响了用户的价值观。

美国作家西蒙·斯涅克（Simon Sinek）在 2010 年的 TED 演讲中，分析了惠普公司和苹果公司与消费者沟通的策略。他举例说，惠普在向公众介绍其产品时，话术常常是："我们使用了多少 MB 的内存，该产品的摄像头分辨率高达多少万像素，我们的产品厚度低至多少毫米……我们的产品性能非常强悍，你想买一台吗？"可见，惠普公司倾向使用详细的参数例举去佐证其产品实力，并试图用数据打动消费者的心。而苹果公司与消费者的对话方式是："我们是一家追求创新，想要改变世界的公司，在追求创新的路上，我们设计了一台与众不同的手机，它拥有不错的外形、硬件和人性化的系统，你想要购买一台吗？"斯涅克认为，苹果在进行一切沟通之前，首先告诉了人们它"为什么做"——因为苹果公司力求创新，想要改变世界；其次，苹果公司提出，他们改变世界的方法是"设计了一台与众不同的手机"；最后，才会讲到手机的参数以及配置的硬件信息。而事实证明，苹果的这种沟通方式引发了巨大的商业影响力，并一举改变了消费电子领域的市场格局。

斯涅克将马丁·路德·金（Matin Luther King）和苹果公司等这些在人类历史上拥有巨大影响力的个人与公司的成功经验总结为"黄金圈"理论，即人类的思考、行动和沟通方式可以总结为三层结构：What（做什么）、How（如何做）和 Why（为什么做）。在这三层结构中，"Why"是最核心的问题，因为它锚定的是一切行为背后的动机和理由。而斯涅克认为苹果的情感化沟通之所以成功，其核心原因在于，人们不在乎你做了什么，他们在乎你为何而做（People don't buy what you do, they buy why you do it）。

斯涅克把他的"黄金圈"理论进一步从人类脑科学的视角进行了解释。他引用了美国神经学专家保罗·麦克里恩（Paul MacLean）提出的"三位一体脑"（Triune Brain）理论，将黄金圈理论中的 What（做什么）、How（如何做）和 Why（为什么做）三层，与"三位一体脑"理论的爬行动物脑、古哺乳动物脑和新哺乳动物脑，三层脑区的生理特性进行了对应，解释了为什么情感化品牌拥有更大的商业影响力。

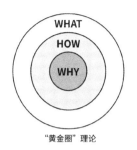

"黄金圈"理论
和"三位一体
脑"理论

"黄金圈"理论　　　　保罗·麦克里恩的"三位一体脑"理论

　　麦克里恩的"三位一体脑"理论虽然在科学验证层面尚未得到学界一致的支持，但是它能够有效解释人类在日常行为当中的记忆和认知规律。该理论将大脑分成爬行动物脑、古哺乳动物脑和新哺乳动物脑。新哺乳动物脑即大脑的新皮质层，它控制着人类的理性思考与语言能力，给予人们面对复杂信息的处理能力。而爬行动物脑、古哺乳动物脑控制人类的本能行为、记忆与情感系统，爬行动物脑、古哺乳动物脑引发本能和直觉性的反应，它们不能处理逻辑和语言信息，但能够直接刺激人们形成反应并驱动行为。

　　斯涅克认为，当一个品牌在"是什么"层面（如列举产品参数）与消费者沟通时，就创造了一个与消费者的新哺乳动物脑沟通交流的情景。但要注意的是，人类的理性脑区（新哺乳动物脑）并不能直接导向行为，这就是为什么当消费者接收到品牌给出的参数化信息后，往往会开始对比竞品、权衡利弊，品牌很难说服消费者快速做出购买决策。而当一个品牌在"为什么做"层面与消费者沟通时，则开启了一个与消费者感性脑区（爬行动物脑、古哺乳动物脑）沟通的情景。

人类的爬行动物脑、古哺乳动物脑导向人类一切行为的动机本身，因此，这种感性的信息才能刺激人们快速产生反应，形成某种情绪，并直接导向行为。我们在市场中可以看到，许多购买苹果手机的消费者似乎并不关注功能参数，甚至他们知晓，同价位产品中苹果的产品并不具备参数优势，但这些消费者依然不假思索地选择苹果，这或许是因为众多消费者认为，苹果的产品就代表着卓越的创新精神、稳定的品质、耐久性和高级感，购买苹果产品就是消费者身份和价值观的一种外在表达。苹果公司之所以能创造这样的商业成功，正是因为它一遍又一遍地与消费者进行情感化沟通，将其品牌形象烙印在人们的感性脑区之中。这种沟通策略能让品牌直接绕过人们理性脑区的对比和分析，缩短消费者的决策路径，刺激消费者快速做出购买决策。

通过以上的理论介绍和案例分析，我们能够意识到，感性思维在品牌沟通与消费过程中扮演了越来越重要的角色。而企业如果要真正实现品牌的情感化定义，就要在文字和视觉上对品牌、产品、服务体验进行全方位的美学定义。

-2-

第二节
品牌美学的定义

一、品牌美学的定义及其商业价值

中国已经步入第三消费时代，即差异化的消费时代，居民消费水平提高，商品丰富，消费决策涉及的非理性因素会越来越多。人们对品牌的期待已经从单纯的产品质量转变为独特的品牌体验。而在品牌体验中，审美作为重要的情感化沟通方式，是品牌建设中不可或缺的一部分，消费者对品牌审美的感知也直接影响着品牌的商业价值。

二、差异化品牌的审美要素

美学的感知就是审美的感知。品牌美学一般是指通过审美设计和符号系统，形成品牌独特的感官身份。这不仅包括品牌名称、标识、色彩、字体，还包括品牌传达的情感和价值观。同时，由于品牌用产品和服务与消费者形成直接的沟通，产品本身的审美要素、设计表达、功能价值，以及产品销售渠道中的传媒内容和商业空间体验也都是品牌美学的重要组成部分。

接下来，我们将对差异化品牌美学定义流程进行拆解，梳理差异化品牌需要具备的核心审美要素。

差异化品牌需要
具备的核心审美
要素

1. 品牌要素

品牌促进形成了品牌视觉识别系统，包括品牌名称、品牌标识、品牌字体、品牌色彩。

品牌名称一般指的是用以区分不同商品或服务的专有名词，它是品牌的无形资产，是企业文化、价值观念和市场定位的综合体现。一个有效的品牌名称不仅能够促进品牌识别，还能增强消费者对品牌的忠诚度和信任感。

品牌标识是一种图形符号，用来代表和传达企业的品牌

世界知名奢侈品
品牌

形象和品牌理念。它是品牌视觉识别系统的核心，通过独特的图形、颜色和样式，传递品牌的核心价值和文化内涵，保持品牌的视觉一致性。

品牌字体是品牌视觉识别系统中的关键元素之一，通过特定的字体设计来表达品牌的个性和风格。它不仅要保证信息清晰可读，还要在视觉上与品牌的整体形象和氛围相协调，从而增强品牌的一致性和辨识度。

品牌色彩是品牌视觉识别系统的重要组成部分，通过特

星巴克品牌识别
手册及标识规范

OPPO发布的可
商用品牌字体

纽约珠宝公司蒂芙尼（Tiffany &Co.）标志性的蓝色已经成为其品牌的核心识别元素

定的色彩组合传达品牌的情感调性和价值主张。不同的颜色能够激发不同的情感反应和联想，因此，选择合适的品牌色彩有助于塑造品牌形象，加深公众与品牌的情感联系。

2. 品牌价值观要素

品牌价值观要素包括品牌价值观关键词与品牌意象图。

品牌价值观关键词是用来精准概括和表达品牌核心价值观和理念的词，这些关键词反映了品牌的基本信仰和追求，是品牌文化和精神的凝练与体现。它们在品牌传播和市场营销中起着至关重要的作用，通过言简意赅的方式传递品牌的独特性和差异化优势，加深消费者对品牌的认知和情感连接。

品牌意象图是通过视觉元素展现品牌理念和文化的图像。它通常包含品牌的标识、色彩、设计风格等元素，通过视觉化的方式传达品牌的核心价值和品牌故事。品牌意象图作为品牌形象的视觉化展现，不仅强化了品牌识别度，也是品牌与消费者产生情感交流和价值共鸣的重要媒介。

蔚来汽车品牌官
网展示的品牌理
念意象图

3. 理想消费者要素

理想消费者要素包括理想消费者、理想消费者代言人、虚拟代言人。

理想消费者是指品牌在市场定位和品牌策略中设定的目标受众群体。这群消费者的特点、需求和偏好与品牌的定位高度契合，是品牌希望服务的主要对象。理解和分析理想消费者的行为模式与心理特征对于品牌来说至关重要，这直接影响品牌的产品开发、市场策略和沟通方式。

理想消费者代言人通常指能够代表品牌形象和价值观的现实世界中的知名人士，如娱乐明星或其他公众人物。这些代言人因其广泛的知名度和影响力，能够有效地传达品牌信息，提升品牌的可见度和吸引力。他们的形象、个性以及与公众的互动方式，应与品牌的定位和目标消费者的期望相吻合。通过这些代言人的影响力和号召力，品牌能够更加有效地与目标市场建立情感连接，提高消费者忠诚度和市场竞争力。

虚拟代言人是由品牌创造的虚构人物或形象，通常有独特的人格特征、外观风格和故事背景，用以象征和传达品牌的价值观和品牌故事，如动漫 IP 形象、数字人等。这些虚拟形象因其独特性和创意性，能够在消费者头脑中产生较强的记忆点和情感共鸣，有效提升品牌的识别度和影响力。

4. 生活形态样式要素

生活形态样式是指在品牌传播和营销中构建的具有代表性的生活场景和生活方式。它不仅反映了品牌倡导的理想生活观念，也是品牌与消费者沟通的桥梁。通过精心设计的生活场景、人物形象和故事情节，生活形态样式能够展现品牌的个性和价值主张，激发目标消费者的情感共鸣。生活形态样式通常包括具体的场景设置、人物角色设计、人物姿态展现，以及人物行为与关系的描绘，旨在创造一个完整的、吸引人的品牌故事世界，从而加深消费者对品牌理念和生活方式的认同与向往。生活形态样式要素包括场景与人物。

场景在生活形态样式中扮演着关键角色，它不仅反映了品牌倡导的生活方式，也是传达品牌理念和价值观的重要环境。场景的选择应与品牌定位和理念紧密相连，无论是都市的现代感、乡村的自然风光，还是家庭的温馨氛围，都应能引起目标消费者的情感共鸣，加强品牌形象的生活化和实用性。

人物又可以分为人物形象、人物姿态、人物行为与关系。

人物形象是生活形态样式中的核心要素。这些人物形象应体现品牌追求的理念和特质，如年轻活力、成熟稳重或创新大胆等。他们的外观、着装和整体造型应与品牌形象和场景风格保持一致，形成品牌故事的有力支撑。

人物姿态不仅展现了个体的性格特点，也是传达品牌态度的重要方式。无论是自信的站姿、轻松的坐姿还是动感的运动瞬间，姿态的选择都应该能够反映品牌的精神和情感调性，增强视觉传达的效果。

人物行为与关系是品牌故事叙述的重要方面。人物之间的互动、沟通和情感表达不仅能够展示品牌倡导的生活方式，还能加深消费者对品牌理念的理解和认同。例如，亲情、友情的互动或工作合作等，这些行为和关系应符合品牌的定位，强化品牌与消费者之间的情感联系。

上汽大众塑造的多种生活形态样式

5. 产品要素

产品要素包括产品造型、产品色彩、产品材质。

产品造型是产品设计中的核心要素，决定了产品的外观和第一印象。造型设计需要考虑产品的功能性和美观性，通过独特的形状、优美的比例和精心设计的整体布局，来传达品牌的创新理念和审美风格。

　　产品色彩是传达品牌个性和情感调性的重要手段。色彩的选择应与品牌形象和目标市场的偏好相协调，通过色彩的搭配和应用，增强产品的吸引力和辨识度。合理运用色彩不仅能够影响消费者的情感反应，还能在激烈的市场竞争中凸显品牌特色。

　　产品材质的选择直接影响产品的质量、体验感和耐用性。高品质的材料能够提升产品的整体价值。选择适合的材质类型、纹理和加工方式，不仅是对产品功能性和美观性的考虑，也是对品牌质量和可持续发展理念的体现。优质的材料和精湛的工艺是构建品牌信誉和吸引忠实顾客的关键因素。

上海交通大学设计趋势研究所与高科技聚合物材料供应商科思创合作开发的色彩系统

6. 服务要素

服务要素包括空间体验和服务体验两部分。

　　空间体验设计的重点在于创造一个美学和功能并重的环境。空间五感设计要考虑视觉、听觉、嗅觉、触觉和味觉的协调，以营造出独特且舒适的氛围。空间布局设计应确保空间的实用性和美感，合理安排功能分区和动线规划。此外，空间流程体验设计关注顾客在空间中的活动流程，目的是使顾客的每一步体验都顺畅且愉悦，从而加深其对品牌的印象和好感。

服务体验着重于为顾客提供标准化、高品质的服务。顾客美好体验的核心是服务的个性化和情感关怀，力求在满足顾客需求的同时传递品牌的温暖和关怀。此外，建立一套服务标准化系统对于确保服务质量的一致性至关重要。这包括清晰的服务流程、专业的服务培训，以及对服务细节的持续优化，旨在让每位顾客都能享受到高水平的服务体验，从而增强对品牌的忠诚度和推荐意愿。服务体验包括流程、人员态度与行为等。

三、品牌美学定义的方法

消费者对于品牌的美学体验是立体的、丰富的，考虑到各品牌所处的市场环境与自身禀赋不同，不同品牌的美学体验侧重性必然也有所不同。

本书第二章介绍了品牌镜像模型，说明了企业可以向消费者出售产品功能，以满足消费者的行为需求，这便是以技术为中心的美学定义方法。企业也可以将功能与设计打包销售产品，优秀的产品可以联动品牌发挥市场效果，使产品与品牌共同进步，这就是以产品为中心的美学定义方法。品牌镜像的最终步骤是以品牌为引领，对品牌旗下所有美学要素进行定义，品牌用价值观与消费者在精神层面形成沟通，并向目标消费者提供符合其审美与需求、贴合其理想生活形态样式的产品，从而获得更稳固的商业地位，这便是以品牌为中心的美学定义。

在广袤的商业世界中，这三种美学定义的方法各有其适用环境，通过运用这三种美学定义的其中一个方法，大部分企业就能做到在市场竞争环境中脱颖而出，把握行业的领先地位。

1. 以技术为中心的美学定义

以技术为中心的美学定义指的是企业以先进技术为核心，并作为旗下品牌与产品线规划的先导因素，不断以技术创新推进企业扩张，实现品牌与产品线的差异化、多元化，满足市场的需求。

汽车行业因扎根于技术特性进行产品规划，各种汽车技术具有不同的特点和优势，天生具有品牌差异化定位的价值导向。奥迪以 Quattro 四驱系统力挽狂澜，马自达以转子发动机闻名于世，特斯拉以一体化车身压铸和纯电技术打开新能源市场……如今，在竞争白热化的中国新能源汽车市场，许多车企坚持以技术为先导，确立品牌的独特市场地位，比亚迪便是其中的代表企业。

比亚迪集团以新能源汽车及电池技术为核心业务，践行着"用技术创新，满足人们对美好生活的向往"的品牌使命。技术创新作为品牌的核心驱动力，贯穿比亚迪集团的发展历程。比亚迪集团最初以电池制造业务为主，是电池领域的龙头企业，并于 2003 年进军整车领域，创立了汽车品牌比亚迪汽车，开启企业转型之路。比亚迪品牌最初以高性价比的低价位燃油车产品吸引消费者，并成功获得了一定的市场占有率。

比亚迪集团官网品牌理念页面

为了开拓新的消费市场，比亚迪集团基于扎实的电池开发能力和供应链优势，持续进行新能源汽车领域的尝试，虽最初市场反应平平，但逐渐获得了专业人士对其新能源战略的认可。2016 年，比亚迪成功实现了纯电动车关键技术的平台化，继而推出了王朝系列乘用车，站稳了在新能源汽车行业的脚跟。自此，比亚迪集团逐步以科技为先导进行品牌战略建设。

多年的制造业基础为比亚迪集团在新能源汽车领域的探索提供了良好的技术支持。集团充分抓住了这一优势，并通过充足的科研投入，逐步在新能源汽车领域赢得了领先地位。

在推出第一个产品系列——王朝系列新能源乘用车后，比亚迪基于企业研发的全新比亚迪 e 平台 3.0，推出了海洋

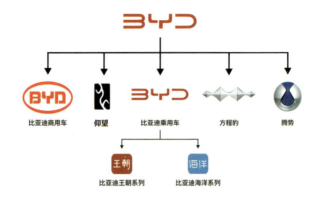

比亚迪集团品
牌图谱

系列车型。作为与王朝系列并列的同级产品系列，海洋系列
的平台的高度集成化优势使其在更小的产品空间中，能够提
供更长的产品轴距，并拥有更强劲、持久的动力表现。基于
此优势，比亚迪推出了内部空间足以媲美 B 级车的 A0 级新
能源车型海豚，扩大了品牌在汽车市场的产品覆盖率。海豚
车型一经推出便连续 19 个月问鼎 A0 级轿车细分市场，甚
至热销海外。

　　此后，比亚迪品牌逐步完善了王朝系列和海洋系列产品
线，并基本占据了国内新能源平民家轿市场。之后，基于
多年品牌探索形成的技术储备，集团开始考虑推动品牌形象
向上发展，开启了以技术为核心的品牌扩张模式。2022 年，
比亚迪集团发布了易四方技术平台尖端动力系统，通过创新
性的分布式驱动结构，实现产品对多种极端场景驾驶环境的
强有力覆盖，并以此尖端技术突破为基础，推出了高端新能
源车品牌仰望，开启了品牌高端化战略布局。

　　为了抢占更多市场，针对中高端价位的市场中空，比亚迪集团发布了介于比亚迪和仰望两个品牌产品技术级别之间的 DMO 超级混动越野平台技术，该技术融合了针对越野场景的高耐久度与低重心、大空间带来的乘坐舒适感。集团将其作为越野车型产品线的核心专属技术，推出了专业个性化品牌方程豹，进一步开启了品牌差异化探索。

　　多年来，比亚迪集团以技术为底层驱动力，扎根新能源行业，逐渐在汽车市场站稳脚跟，取得了令人瞩目的成就。每一次品牌与产品线革新，都有背后的技术积淀作为强有力的依托。比亚迪以技术为先导，逐步定义了不同子品牌与旗下产品线的美学基因，使其互相区隔，并能够在不同价格区间、不同车辆用途环境下，满足不同消费群体的需求。

比亚迪云辇–P
智能液压车身控
制系统

　　以技术为中心的美学定义战略能促使企业将技术转化为品牌发展的引擎，通过技术创新带动品牌的产品和服务创新，使品牌在市场上保持前瞻性，确立领先地位，以保持长久的市场竞争力。

2. 以产品为中心的美学定义

以产品为中心的美学定义指的是企业以产品为战略核心，通过对市场机会和消费者的洞察进行产品的美学定义，并以此引领企业的研发、销售、营销与品牌建设工作。以产品为中心的企业将重心放在研发核心产品，全力提升产品的整体价值和市场吸引力，从而实现用核心产品助力整个企业在市场立足并长期发展的经营战略。

以产品为中心的美学定义要求产品不仅是满足基本功能需求的工具，更是传达美学理念和品牌价值的载体。企业通过不断进行功能和美学创新，赋予产品良好的功效和美学个性，从而在消费者心中建立品牌认知与品牌认同。

中国化妆品行业近年来蓬勃发展，面对国内外品牌的强势竞争，中国部分化妆品企业渐渐确立了"一品一牌"的竞争战略，即以几款拳头产品带动品牌整体的积极发展。这种策略通过了市场验证，不少知名国产化妆品企业就此成长起来。

国货美妆品牌珀莱雅便是"一品一牌"策略的卓越代表，其品牌市场地位的建立与其以产品为中心的经营策略息息相关。珀莱雅的产品从最初以模仿国外品牌为主，到自主研发，依靠核心产品强势扭转品牌印象，经历了漫长的品牌升级周期。

珀莱雅成立于 2003 年，当时国外品牌占据中国化妆品行业近八成的市场份额，消费者对国外品牌的认可度很高。在这种时代背景下，珀莱雅率先瞄准了国际品牌尚未涉足的下沉市场进行产品研发，其策略主要是对标国际品牌推出"平价替代版"产品，通过极高的性价比打开市场。同时，珀莱雅积极布局线下渠道，采取广泛的宣传策略，这些举措让珀莱雅逐步占据了一定的市场份额，为品牌未来的发展奠定了基础。

2010—2020 年，过度依赖线下渠道销售的珀莱雅经历了互联网转型阵痛期，线上电商的蓬勃发展让珀莱雅的营业额开始下滑。为了扭转这一形势，珀莱雅开始品牌的转型升级，企业决定将渠道驱动型品牌转变为产品驱动型品牌，并启动了"大单品"战略。

2020—2022 年，在雅诗兰黛、资生堂等一系列国外化妆品企业业绩增长放缓的时候，珀莱雅却凭借"大单品"战略杀出一条高速增长的"血路"。其实，早在 2019 年，珀莱雅就从其爆款产品——黑海盐泡泡面膜中得到了启示，该款面膜的营销集中于线上渠道发力，因使用后会在用户脸上快速形成泡沫，给人强烈的可视化清洁表现，因此，迅速成为短视频平台爆品，单月销售额破亿。这款面膜吸引了许多消费者开始尝试珀莱雅品牌的产品，珀莱雅由此认识到，一款成功的产品能为品牌带来明显的增值复利效果。

敏锐的珀莱雅有了打造爆款的经验，便很快瞄准了"抗衰"这个定位于护肤品金字塔尖的需求。2020 年，珀莱雅的"大单品"策略第一个主打产品就是红宝石精华，它迎合了近年来广受关注的功效性护肤趋势，瞄准了具有长线发展价值的抗老赛道，选择功效性最强的精华单品，迈出了产品驱动型品牌的第一步。

红宝石精华对标的是雅诗兰黛的纤雕精华，但定价仅是其 1/3，在同类的抗衰精华里具备极高的性价比。红宝石产品一经推出就受到了市场的追捧，单日销量一度达到了 1.5万件。推出两个月后，珀莱雅乘胜追击，又推出双抗精华。双抗精华对标美国高端护肤品伊丽莎白·雅顿的橘灿精华，产品功效主打抗糖、抗氧化。双抗精华针对更年轻的人群，与红宝石精华针对的 30 岁以上人群进行区隔，意图使珀莱雅品牌进一步年轻化。红宝石精华、双抗精华还与护肤界现象级的概念"早 A 晚 C"进行绑定销售，就此树立起珀莱雅科技感的品牌形象。

珀莱雅红宝石
精华

珀莱雅旗下的这两款主打产品在美学设计上也很好地呼应了其产品定位，大面积金属感的瓶身、通透的晶体切割装饰、不同材质碰撞拼接的产品设计，以及充斥水晶元素、清冷玲珑的广告画面，渲染出该产品内在的理性与科技感，并暗示着不输国际大牌的高端品质。精准的产品定位与美学定义能力，让珀莱雅这两个拳头产品一炮而红。

在"大单品"战略取得了良好成效后，着手多品牌并进、集团化的结构转型，进一步细分消费者，为不同的消费人群孵化差异化品牌。珀莱雅集团旗下主品牌珀莱雅基于科技感的品牌基因，进一步拓展功效护肤市场；年轻化品牌彩棠主推低价的流行彩妆，覆盖底妆产品领域；护发品牌Off&Relax通过差异化策略开拓市场，致力于呵护头皮的根本健康……珀莱雅旗下的子品牌覆盖大众精致护肤、彩妆、洗护、高功效护肤等细分领域，并延续"大单品"战略，通过一个个核心产品，让旗下品牌走入更多用户的生活之中。

从珀莱雅的案例可以看出，以产品为中心的美学定义非常适用于细分市场，通过对功能功效和消费人群的细分，产品能够突破市场壁垒，占据自己的生存空间。更重要的是，一款成功的产品能够发挥"以点带面"的效果，帮助企业用拳头产品带动品牌整体的积极发展。

3. 以品牌为中心的美学定义

以品牌为中心的美学定义指的是企业以品牌独特的价值观和美学理念为核心，推动产品和服务的综合发展。这种战略将品牌视为总领产品和服务发展的关键，企业注重将品牌的价值观与美学理念融入产品设计、用户体验乃至品牌传播的每一个环节中，推动品牌形象和产品市场地位的提升，使品牌在市场上展现独特性和影响力。

以品牌为中心的美学定义强调品牌价值观与美学理念的

深度融合。品牌不仅需要在视觉设计上追求美感，更需要在品牌故事、文化内涵上展现其独特的价值观。品牌将自己塑造为一类价值观与审美的"意见领袖"，为某个消费类群发声，并依据消费者的理想生活形态，为他们提供称心如意的产品与服务。

2020 年，美的官方数据显示，美的空调已拔得中国空调市场头筹，并持续保持行业领先地位。从行业跟随者到行业头部企业，美的空调要以引领者姿态带动全行业发展，就必须制定更成熟的品牌美学定义策略。在新的市场环境下，美的集团对旗下的三个子品牌华凌、美的、COLMO，分别进行了产品美学定义。

华凌是创始于 1985 年的家电老品牌，后被美的集团收购。面对竞争日益激烈的下沉市场，以及主打智能的新兴厂家的挑战，美的集团决定重新启用华凌品牌，在入门级产品层面拦截竞争对手，以稳定集团的行业领先态势。全新的华凌 WAHIN 品牌于 2019 年亮相，作为家电新物种，华凌是美的面向互联网时代做出的年轻化转型变革的重要举措。

华凌空调的产品保持了极简的设计风格，均以几何形态为主，多使用白色、灰色等光滑的塑料材质，点缀少量金属材质，搭配年轻人喜爱的智能化配置，并在营销层面用鲜艳多彩的颜色展现年轻化。在卓有成效的品牌建设和强大的产

华凌空调主要
产品线

品力加持下，华凌空调在入门级产品中竞争力强劲。

美的空调隶属于美的集团，于 1985 年成立，以"科技尽善，生活尽美"作为品牌愿景，其产品线从入门市场至中高端市场，覆盖最广泛的大众消费人群。美的空调作为美的集团旗下品牌知名度最高的大众消费品牌，品牌的目标就是牢牢占据行业中心地位，其品牌和产品要囊括行业主流价值观关键词，并以此进行产品功能布局与外观设计。

美的的空调产品在造型设计上线条流畅，细节处以抽象的装饰或金属质感面板作为点缀，整体采用细腻光滑的主体材料，色彩柔和丰富。这种产品美学定位能够传达出一种适度的现代感和高级感，同时也彰显了产品的功能性和耐用性，符合美的空调品牌的整体定位。

美的空调的主要产品线

COLMO 作为美的集团旗下的 AI 科技家电品牌，成立于 2018 年，其品牌愿景与目标是"为全球菁英用户提供全图景高端智慧生活解决方案"，为美的集团空调业务内的高端品牌。COLMO 瞄准高端用户，希望凭借前沿的科技、优良的品质和理性美学的设计理念，为顾客提供卓越的产品体验。

COLMO 的产品造型具有大气的现代感和内敛的高级感，

COLMO空调的主要产品线

大面积采用流线型线条处理，与细节处的精致造型相得益彰，繁简得当，成功地表达了精致感和豪华感。其产品多采用亚光金属材质，运用极纯净的高亮度色彩，或深沉的暗色调色彩。这些设计处理让 COLMO 的产品得以很好地彰显出低调奢华的质感。

美的集团旗下的空调品牌以品牌为中心，分别进行了卓有成效的差异化美学定位。运用此类战略，能够为不同品牌的产品前瞻和落地设计提供清晰的理论指引，在销售产品的同时树立品牌形象，积累长期品牌资产。同时，以品牌为中心进行美学定义能让企业内部各子品牌分别锚定不同类群的用户，以规避产品线互相竞争的问题。

放眼商业世界，其实大部分奢侈品品牌都是以品牌为中心进行美学定义的。这确保了奢侈品品牌的价值延续，并使它们的产品能在市场上保持差异性与影响力。但企业也需要认识到，如果过分重视品牌而忽视产品的持续创新，企业也会进入空耗品牌资源、竞争力消散的下行通道。

品牌的美学定义有很多影响因素，所属行业的属性是根本的影响因素，如汽车的运动属性、手机的科技属性、家具的舒适属性等。不同国别的品牌也会有意无意地带上民族特征，如意大利家居品牌亚历西（Alessi）就自带意大利式的幽默风趣。另外，创始人的初心也会铭刻进品牌的美学特征，如松下幸之助的"自来水哲学"为松下品牌带来了朴实亲民的特征。

Chapter Four

第四章
品牌美学定义的重要主题

　　品牌的美学定义还要遵循市场的趋势和品牌的差异化，以此实现准确的定位和新颖的美学形象。通过对每年流行趋势的深入调研和与各行业专家、从业者的深度交流，我们总结出了近年来中国企业所需关注的品牌美学定义的五个重要主题，它们分别是品牌的稳定性与流行性、品牌的豪华感、品牌年轻化、女性美和国潮。中国企业正面临着这五个主题的挑战，这也是企业夺取关键商业机会的重要切入点。

　　品牌的美学定义首先要求品牌保持一致性与稳定性，品牌一贯的品质和审美能获得消费者的长期认同，是积累品牌资产的必要手段。同时，品牌的美学定义也离不开品牌对流行趋势的敏锐洞察。通过紧跟流行趋势，品牌能够创造出符合当下消费者期望的产品和体验，从而在竞争激烈的市场中脱颖而出。品牌关注流行性还有助于建立时尚先锋的品牌形象，增强品牌的吸引力和影响力，帮助企业在行业中占据领先地位。

随着国内工业水平和市场化经济的发展，中国许多企业逐渐掌握了先进技术，拥有了广泛的市场基础，不少行业已经进入了产业升级的周期。在这一时代背景下，"品牌向上"，即品牌高端化、豪华化，已成为越来越多国产品牌的核心关注点。

品牌年轻化是秉持永续经营理念的企业必须不断面对的课题。现代科学技术的快速发展，加快了生活环境与人们习惯的改变，也拉大了人群之间的代际差异。一个长期经营的品牌，如果不及时跟进新兴的社会文化，对新一代年轻群体进行深入研究，那么很快就会面临品牌老化的问题。多年积累的品牌资产将被消耗殆尽，甚至失去在下一个时代出现的机会。

随着差异化消费趋势的不断深入，女性作为一个重要的消费群体，已经成为中国消费市场的主力军和重要的增长点。由此，"她经济""她消费"等概念日益受到企业的重视。洞察女性消费者的需求与差异点，将成为品牌与产品开发的重要路径。

近年来，国潮的兴起是中国文化自信的体现，也是中国品牌对全球化市场变革的积极回应。在全球化的大背景下，一些中国品牌通过深挖本土文化精髓和艺术遗产，将传统美学与现代设计理念相结合，创造出具有独特魅力的产品和体验。这种结合不仅满足了国内消费者对文化认同感的追求，也让世界见证了中国文化的多样性和当代价值。在未来，会有更多中国品牌通过品牌和产品展现中国文化魅力，增强中国文化在全球舞台上的话语权和软实力。

本章会从这五个主题入手，讲解该主题下可细分的美学定义思路，为企业提供已落地的优秀案例，作为企业策略的灵感源泉。

-1- 第一节
品牌的稳定性与流行性

　　品牌的稳定性与流行性对于品牌的成功至关重要，原因在于它们共同构成了品牌吸引力和市场竞争力的核心。

　　首先，品牌稳定性是品牌信誉的基石。稳定性意味着品牌长期保持了一贯的品质、价值观和风格，使消费者对品牌产生信赖感，建立起长期的忠诚度。在不断变化的市场环境中，稳定性提供了一个可靠的参照点，帮助消费者在众多选择中快速识别并信赖品牌。

　　其次，品牌的流行性是品牌保持市场相关性和吸引力的关键。一个品牌如果能紧跟或引领流行趋势，洞察消费者偏好的变化，就能不断吸引新的消费者，并保持现有消费者的兴趣。流行性使品牌显得更加生动、富有活力，这对于吸引年轻消费群体尤为重要。

　　在商业世界中，奢侈品品牌是平衡稳定性与流行性的高手，它们既需要在产品中传承深厚的品牌资产，保持极高的产品素质，同时还需要不断融合潮流元素，以保持自己在行业和世界文化中的领先地位。

　　爱马仕这个始创于 1837 年的品牌，最初以制作高级马具闻名于世。随着时间的推移，尤其是进入 20 世纪以后，

爱马仕品牌标识

　　爱马仕开始拓展高级服装领域。到了 20 世纪五六十年代，品牌更是多元化地推出了香水、西装、鞋饰等产品线，逐步成为高品位的代表。

　　爱马仕品牌形象在高端、高质量的原则上，彰显轻松独特的法式风格。爱马仕将工艺精湛、持久耐用的功能性以及简洁、优雅的风格完美融合，同时吸收流行元素。

　　早在 20 世纪初，爱马仕便已经成为法国奢侈品的代表，从创立至今近 200 年来，爱马仕依旧传承着经典。20 世纪 20 年代，创始人蒂埃利·爱马仕（Thierry Hermès）的孙子埃米尔 – 莫里斯·爱马仕（Emile-Maurice Hermès）曾这样评价爱马仕品牌："皮革制品造就运动和优雅之极的传统。"

　　爱马仕有多款产品以传承和经典的延续而著称，其中最具代表性的便是柏金包（Birkin Bag）。其名字源自被誉为"时尚女神"的艺人珍·柏金（Jane Birkin），这款包的诞生源于一次偶然的邂逅。当时，刚在电影界崭露头角的珍·柏金与爱马仕首席执行官让 – 路易·杜马斯（Jean-Louis Dumas）在同一班飞机上邂逅。珍·柏金向杜马斯提出设计一款多功能包袋的请求，这一请求催生了后来的柏金包。这款包以独

特的配色、多样的材质和不同的尺寸著称，尺寸从 25 厘米
到 40 厘米不等，即便是最小版，也能轻松容纳日常所需，
如手机、钱包、太阳眼镜和钥匙等。柏金包的设计经久不衰，
成为许多一线明星的首选。此包型经过多次改款，推出了不
同皮质、色彩的款式，但仍旧延续着设计之初的造型样式。
延续经典设计的策略，使这款包在世界范围内拥有广泛的识
别性。柏金包成了一种社交货币，被消费者视为身份和地位
的象征。

爱马仕柏金包
系列

　　爱马仕作为世界上最成功的奢侈品品牌之一，不仅在品
牌与产品稳定性上表现出色，更因为不断地创新而使品牌紧
跟潮流。爱马仕家族经过几代人的共同努力，持续为品牌融
入新的时代理念，使品牌不断焕发新的光彩。

　　在爱马仕所有产品中，最畅销且最为人称道的，非爱马
仕丝巾莫属。据说，全球每 38 秒就有一条爱马仕丝巾售出。
每一年，爱马仕都会推出精心打造的丝巾式样，这些丝巾图
案繁复优美，包含当下时代的潮流印记，可以说，爱马仕丝

巾是最能表达其品牌流行性的时尚单品。

爱马仕丝巾丰
富的样式

　　爱马仕丝巾的生产均在法国里昂区完成，与一般平滑的
丝巾不同，产品集合了多种精湛的工艺，且保持品牌传统的
上乘品质。虽然爱马仕丝巾只有 90 平方厘米的规格，每方
丝巾仅重约 75 克，但每条丝巾都经过层层筛选，历时 18 个
月方能制作完成——从设计到成品，须经过七道严谨工序。
调色师根据设计师的意图挑选颜料，每种颜色都需要用特制
钢架，把颜色均匀地扫在丝贴上。一方丝巾需要用到的颜色
一般为 12 ~ 36 种，最高纪录为 37 种。丝巾的色彩固定同
样是一项复杂的工作，必须经过漂、蒸及晾等程序，色彩才
不会脱落。最后，工艺师手工卷缝，折好边缘，一方飘逸的
丝巾才算制作完成。尽管如今丝网印刷可完全由电脑完成，
但爱马仕仍坚持工匠手工上色、手工缝制。

　　从 1987 年起，爱马仕每年会设定年度主题，邀请工匠、
自由设计师、艺术家围绕这个主题创作。以丝巾作为"讲故

事"的载体，爱马仕的丝巾图案会讲述某个主题故事，也会针对各个国家的重大事件，或特殊的、值得纪念的日子进行创作。同时，爱马仕也常常邀请某地区的艺术家根据当地文化进行创作，并把这些巧思融入丝巾之中。

正是由于这种对细节和手工艺的执着、对时尚趋势的探索和表达，爱马仕丝巾赢得了消费者的喜爱。自 1937 年起，爱马仕已推出超过 900 款方形丝巾，每一款丝巾都诉说着时代与潮流的变迁。

-2-

第二节
品牌的豪华感

一、高级感蕴含商品符号价值

提起豪华品牌，不少人脑海中会浮现的第一个印象或许就是高昂的价格，但这只是品牌高级感塑造的"果"。促成豪华品牌售价高昂的"因"是什么呢？究其底层原因就是，品牌的高级感往往承载着一种精英主义理念，这种精神价值超越了产品纯粹的功能属性。豪华品牌往往将自己塑造为一种身份认同和社会地位的象征。

商品经济经历了以使用价值和交换价值为核心的时代后，又迎来了商品符号价值的时代。消费行为不仅仅是购买一种商品带来的使用功能，同时也购买了商品的社会化方面的功能。在这种情况下，大众化的风格就是大众消费人群的生活表达，而优势阶级控制了消费符号的话语权，他们有能力塑造出带有"阶级区分"属性的品牌和产品。

优势阶级塑造出的豪华品牌除了用于社会中的"阶级区分"，还能产生广泛的社会影响力，使大众追逐豪华品牌生产的产品及蕴含的文化。

为什么豪华品牌具有如此强大的魔力？在心理学层面，

我们或许可以找到答案。不可否认的是，人类社会一直存在着一种普遍的社会心理：人们总是向往着更好的个人生活，期待自己作为一个个体，能够被关注、被赞赏、被尊重。这种底层心理诉求的存在使社会大众自发地向更高阶层的生活方式看齐，渴望通过拥有或使用奢侈品来彰显自己的社会地位和个人品位。奢侈品之所以存在并获得追捧的社会原因，深植于这种对于超越日常、追求卓越和个性化表达的渴望之中。

在这一社会心理的驱动下，豪华产品不仅是物质消费的产物，更是一种社会文化的象征。它们代表了一种非凡的生活态度、一种对美好生活的追求和憧憬。人们获取和展示奢侈品，不仅是在满足个人的虚荣心或是物质享受，更是在无声地传达一种社会信息：个体的成功、品位，以及对优质生活的掌握。

在如今的社会环境下，我们可以将消费者形象细分为很多种。然而，最早出现在商业活动中的原始消费者画像可以分为三大类：附庸风雅者、丹迪主义者（Dandist）和波希米亚艺术家。波希米亚艺术家创造艺术与审美，丹迪主义者定义高级，附庸风雅者则是不断模仿和追随。丹迪主义者希望建立一种靠劳动和金钱都难以颠覆的身份和形象，他们独特、主观、品位高，甚至可以通过创造性的搭配方式来展示难以捉摸的审美，他们对于附庸风雅这类极力追求上流社会身份认同的群体嗤之以鼻。波希米亚艺术家则厌恶这种功利主义和随波逐流的生活，他们创造艺术而放弃对物质的追求，这种艺术家式的自我身份认同，同样建立在消费符号化上。

虽然这是 19 世纪时期的消费者画像，但是从本质上来说，这三类人不断维持和更新着人们对高级感的追求。这三者对商品符号价值都有一定的影响，但其程度和持久性因个体差异而不同。

附庸风雅者代表着普罗大众，他们通常只是表面上对某种流行或时尚感兴趣，但往往是短暂的，不具备深刻的影响力。他们会跟随某种流行趋势购买特定的商品，但这种趋势可能很快就会过时，商品的符号价值也会相应减少。

丹迪主义者代表着贵族与精英阶层，他们的影响力会更持久，因为他们强调个性化和独特的时尚，会成为某些品牌或商品的忠实支持者。一些高端豪华品牌会吸引丹迪主义者，因为他们在追求时尚和独特性方面有更高的标准，这可以提高商品的符号价值。

波希米亚艺术家可能对商品符号价值产生更大的影响。他们通常是创意和文化领域的旗手，他们的审美和文化选择会引领某些时尚潮流。一些时尚豪华品牌会主动寻求同波希米亚艺术家的合作，以吸引更多的创意人群，提高商品的符号价值。

无论时代如何变化，购买"高级感"的消费目的始终逃脱不出这两点：阶级象征的社会化动机和品质享受、个性彰显等个人化动机。消费者也大致符合附庸风雅者、丹迪主义者和波希米亚艺术家这三种矩阵形象的分类，或是该分类下的某种变体。社会上，总有人创造高级，也有更多的人追随高级。前文提到，品牌定位第一步便是品牌价值观定位，在如今消费回归感性的时代，许多经典豪华品牌也在用不同的价值观来展现品牌的高级感，使品牌承载更多的意义与价值。

二、豪华品牌的价值观体系

上海交通大学设计趋势研究所对目前市场上大量不同领域豪华品牌的价值观关键词进行收集与调研，并结合用户动机分析模型进行关键词定位。我们基于用户行为、态度和目标背后的动机，将豪华品牌传达的价值观关键词分为两大维度，分别是"感性－理性"和"都市－传统"，并把这一研究结果利用 Value-C 进一步细分。

通过关键词定位与聚类分析，我们得到了豪华品牌价值观的六大方向，分别是纯正浓郁、性感华丽、精致典雅、优质实用、天然舒适和青春自由。下面介绍这六种价值观存在的原因以及典型的品牌案例。

豪华品牌价值观的
六大方向

1. 纯正浓郁

纯正浓郁，是岁月与历史的沉淀。最初，购买具有历史感的复古主义物件象征着消费者在一定程度上接管了由旧时贵族掌管的审美、品位等社会文化权利，使其产生一种能够与古代贵族阶层同根同源的力量感。随着现代商业的发展，一个品牌若是拥有传统高贵的基因，在消费者心目中便会具有独特的历史价值，它们经历过时间的锤炼，在产品质量与设计方面依旧保持着卓越的品质，赢得了长久以来的良好声誉，因此普遍被认为是经得起时间考验的不朽之作。在我们的认知里，拥有历史沉淀的品牌或许是特定黄金岁月的见证者，又或者是某一文化的忠实象征。因此，许多奢华品牌因历史的积淀而越发珍贵。

当品牌传递给消费者纯正浓郁的价值观时，高级感就会自然而然地流露出来。

人头马 X.O

始创于 1724 年的人头马（RÉMY MARTIN）酒庄向来以

人头马X.O

葡萄酒酿制的悠久历史为荣。其纯正浓郁的历史沉淀不只体现在佳酿口感上，也体现在其精致奢华的产品设计细节上。人头马 X.O 的黄铜包装上添加了能够重现独特木质和植物效果的金色复古光泽，向人头马酒庄独一无二的悠久历史致敬，强调品牌几百年来的卓越典范，也为 X.O 酒瓶带来了新光影和新质感，使品牌充满力量和神秘感。

阿尔法·罗密欧（Alfa Romeo）汽车

阿尔法·罗密欧的中型轿车朱丽叶（Giulia）的内饰呈现出浓郁的复古风格，采用咖色和黑色搭配，散发着皮革质感。在脱模技术不够发达的年代，为了便于脱模，按钮或造型设计中普遍会采用圆形元素。如果模型之间无法完美契合，通常会采用塑胶填充和固定。此款车型的内饰按钮便大量采用圆形设计，边缘用银色线条勾勒，还原了这种早期工业制造风格的特质。

朱丽叶2.0T
280HP内饰

2. 性感华丽

在旧时社会，可以从两个方面看出一个家庭是否拥有雄厚资产，一个是仆人，一个是家中的女主人。女主人通过自身的服饰、珠宝来彰显丈夫的身份和地位。穿着华丽而又沉重浮夸的服饰，女性什么都做不了，也暗示着"什么都不用做"。随着时代的发展和女性的解放，性感则代表着一种力量，因为性感可以是一种自信、自尊与智慧的展现，也是一种通过服装、妆造和行为展示自我身份和独立思考的方式。

英国女性时装杂志，1874

社会文化和媒体也通常将性感与吸引力、成功和自信联系在一起。在系列电影《007》中，女性主角几乎都是以智慧、自信和充满力量的形象而闻名，并且，这些女性都具有强烈的吸引力。于1998年首播的《欲望都市》是一部经典的美国都市女性题材电视剧，可谓是美剧中展现女性性感文化和独立精神的代表作之一。它探讨了四位女主角在纽约城市中的职业与爱情，并以开放、坦率的方式呈现了性感和自信的女性形象。

路铂廷（Christian Louboutin）

路铂廷是法国著名高跟鞋品牌，旗下的高跟鞋产品致力于凸显女性的柔媚、美丽和不张扬的成熟，而红鞋底是品牌标识性设计。

路铂廷鞋底的一抹红已经成为经典，这一抹红踩在脚下，低调、不张扬，但是在抬脚的瞬间，浓烈妩媚的红色却能顷刻散发成熟的力量感。路铂廷官网在"女士（Ladies）"品类里醒目地标示着"谁统治世界？走进去一探究竟！"（Who run the world? Step inside to find out! ），将热烈又充满力量的价值观表现得淋漓尽致。

路铂廷标志性
的高跟鞋

宾利飞驰（Bentley Flying Spur）Mulliner 版

宾利飞驰 Mulliner 版的内饰在温柔的白色皮革上采用大面积深沉、富有诱惑力的酒红色，让人联想到胭脂修饰的精致脸庞上的一抹浓郁红唇，散发出成熟且浪漫的神秘感。炫

宾利飞驰
Mulliner版内饰

目精致的镀铬装饰增添了内饰的华丽感，整个内饰的设计十分注重细节，高级材料的使用和精湛的工艺共同打造出一种令人陶醉的华丽感。

3. 精致典雅

主打精致典雅风格的品牌，往往会流露出一种显而易见的富贵感，它们不仅代表着高品质的材质和用料，更意味着高昂的人力、时间成本。通过工业化、批量化机械复制和生产的产物显得平庸、空洞，无法承载更深刻的价值。而那些繁复精细的装饰与点缀通过高超的手工艺给人以精致感，当然，营造这种精致感耗费的人力和时间也是不可估量的。例如，透过传统经典家具，便能窥探出我国明清两朝宫廷贵族审美追求的差异。相比于明代造型简约、朴素雅致的太师椅，清代的太师椅用料厚重、绚丽奢靡，粗大的桌腿以上好的红木、紫檀为料，并用螺钿、象牙、瘿木、瓷板、云石、珐琅、

酸枝木嵌螺钿镶
理石太师椅（清
代）

玉石珠宝等名贵材质镶嵌，雕琢出繁缛雕纹。由此可见，清朝时期的贵族阶级更青睐繁复的工艺手法，这些产品暗示着背后包含的人力、心力成本，彰显着产品拥有者的尊贵地位与财富水平。

布契拉提（Buccellati）珠宝

布契拉提品牌崇尚镂空雕金技艺、层叠变幻的珍稀宝石、

布契拉提蕾丝型
首饰

精雕贵金属的神秘气息。这种产品设计仿佛在诉说：只有足够豪气的首饰拥有者才能舍得将大块面的稀有宝石进行大面积镂空，仅呈现精致的线条感。此外，能将质地坚硬的贵金属和宝石采用古法镂空，并呈现如此繁复精巧的效果，也是对雕工技艺的一种极致考验。这种精致典雅的布契拉提风格，是金色的蕾丝、稀有宝石和贵金属神秘莫测的折射，是百余年创意的结晶，是对隽永风格和独特技术的肯定。

劳斯莱斯古思特（Rolls-Royce Ghost）汽车

劳斯莱斯古思特汽车内饰采用高级真皮、优质木饰面和精密镀铬饰件，这些精美的材质使内饰散发出一种卓越的质感和品位。内饰没有大面积铺陈厚重装饰，从按钮到音响，每个元素都经过精心的雕琢和制作，清晰地显现出匠心独具的细节处理。这些精致的设计元素融合在典雅舒适的白色背景中，为内饰注入了精致感，使驾驶舱的每个角落都散发着奢华气息。

劳斯莱斯古思特
汽车内饰

4. 优质实用

品质高的物品通常会被认为更加耐用，可以代代相传。优质实用的物件可以被视为一种长期的投资，而不是一时的消费。对节俭务实的追求恰恰能表现出"老钱"（形容世代富有的家族）们的风雅。在审美、品位方面接受过更多熏陶的人群往往对细节、品质非常敏感，这种谨慎的选品方式也有助于这类人维持个人和家族的财富。遵循优质实用设计原则的产品通常使用昂贵耐用的材质，保持克制简约的设计，以保证其即使经历岁月洗礼也经久不衰。

在 19 世纪、20 世纪的工业时代中诞生的富有阶层往往热衷于体育活动和探险式旅行，这种兴趣不仅是为了娱乐，更是为了展示其社会地位。在这种情况下，他们对穿着和携带的物品的实用性要求也会显著提高。举例来说，19 世纪

《冬日的早晨》（*A Winter's Morning*），弗兰克·达德（Frank Dadd），1908

末至 20 世纪初的贵族和富商在进行狩猎活动时，会穿着特制的狩猎服装，这些服装既满足了户外活动的要求，又保持了优雅和舒适。此外，他们在旅行时还会携带精心挑选的行李和配饰，以确保旅行的便利性和奢华感。这种实用性与豪华感的结合体现了他们对生活品质的高标准要求，并在一定程度上定义了他们的社会身份。

珑骧（Longchamp）

珑骧是法国奢侈品皮具品牌，自创立以来，其产品保持了简约的风格和持久耐用的品质。珑骧的皮具秉承着工匠精益求精、质量为先的精神，珍惜珍贵的材料，希望打造经久耐用且可维修的产品，并将这些理念作为产品设计的核心理念。

珑骧的 Cuir de Russie 水桶包可谓经典之作，它巧妙融入了提篮和沙滩桶的设计，以俄罗斯牛皮为面料，包型挺括，

珑骧Cuir de
Russie水桶包

皮质耐磨，色款选择丰富。与其他奢侈品不同的是，Cuir de Russie 水桶包并没有使用大 logo 的设计元素，仅仅采用压印的方式打上品牌标识。同时，这款包尺寸虽小，但容量充裕。依据这些设计思路，珑骧的水桶包保持了低调的风格，并且兼具实用性，不动声色地彰显出高雅的品位。

凯迪拉克 XT5

凯迪拉克 XT5 内饰的设计以深沉的黑色为主调，黑色的背景与高品质的真皮、精密的缝线相互交融，为内饰注入了精致高级的氛围。每一个设计元素都经过精心雕琢，表现出一种精致而干练的感觉。内饰的每个细节都呈现出出色的装配质量，不容忽视的工艺细节与材料选择使内饰既具备实用性又散发出高级感，完美地诠释了凯迪拉克 XT5 座舱的优质实用之感。

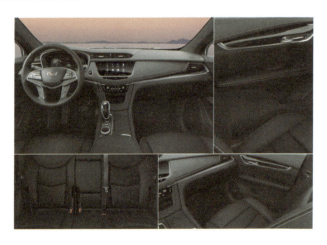

凯迪拉克XT5
内饰

5. 天然舒适

随着化工业的发展，许多材质的提取和合成成本大幅降低，到了今天，没有经过大规模加工或化学处理的天然材料格外稀缺。天然材质具有独特的质感与外观，这是经过处理的化工产品无法匹敌的。

以自然水资源为例，我国古代帝王为了喝到最好的水，无所不用其极。汉武帝爱喝露水，在建章宫中修建高达"20丈"的承露盘，来采集天地之"甘露"，再"和玉屑饮之"。这里面的玉屑其实就是玉的碎末。明世宗嘉靖皇帝爱喝从芭蕉叶上收集的露水，他们认为露水集天地之精华、日月之灵气，是人世间最好的水。而清朝皇帝喝的水一般是来自北京玉泉山的泉水，甘洌清甜。清代陆以湉的《冷庐杂识》记载，乾隆皇帝以银斗精密测量全国各地水的重量，有一次在出巡北京玉泉山时发现了一泓泉水，亲自检验。结论是北京玉泉山的水每斗重一两，为天下最轻[1]，口感最甜。乾隆皇帝给玉

北京玉泉山，
《燕山八景图：
玉泉趵突》

1.古时，人们常以水之轻重来衡量水质，所谓"轻者优，重者劣"。清朝时，乾隆皇帝为了评判天下各泉名水，令内务府制银斗测量，其结果是：玉泉山的水质最轻，钦定玉泉山水为"天下第一泉"。

泉山山泉赐名"天下第一泉"，还亲自写下了碑记，封为御用泉水。为什么玉泉山的水这么好呢？一是因为轻，轻则不含有毒有害杂质；二是因为它是山泉，各种有益的矿物质成分溶解于其中。这般耗时耗力才能得到的珍稀泉水，实在难得。

依云（Evian）

依云的优质水源来自阿尔卑斯山，它以雪和雨的形式开始，缓慢地穿过冰川岩石层，自然过滤，凝聚电解质和矿物质的精华，没有任何额外的物质，这赋予了依云独特的清冽口感。有多少人能亲临法国的阿尔卑斯山，喝上穿过岩石冰川，经过自然过滤的纯天然水呢？通过赋予品牌极高品质的纯净感和阿尔卑斯山脉水源的珍贵感，依云成为"水中贵族"，成功树立了矿泉水奢侈品牌的形象。

依云矿泉水广告

宾利飞驰雅度版
内饰

宾利飞驰雅度版是一款体验舒适和品位优雅的超豪华四门轿车，座舱拥有全景天窗和宽敞的后排空间。内饰选用直纹胡桃木以及寇阿相思木的传统天然亮面木饰面，光洁细腻，座椅和门板的内饰采用真皮搭配滚边和手工十字缝线，奢华优雅。

6. 青春自由

青春活力也是优渥生活的表现，彰显青春自由风格的品牌往往展现出活力、健康和自信的感觉，这种感觉并不依赖于个体的社会地位或财富，而是一种内在的精神状态。可以说，人们对青春自由感受的追求，从古至今都没有停息过。

古埃及的法老们会使用各种珍贵的护肤品和化妆品，如精油、香料和矿物质，以保持皮肤的年轻和光滑。欧洲的一些贵族家庭拥有私人厨师、康复中心，这些都有助于维持他们的健康和活力。此外，一些贵族可能会享受户外运动和娱乐活动，如马术、高尔夫和狩猎，以保持身体活力。青春自由也充满着对革新与突破的渴望，而奢华和高级通常代表着一种传统成熟的力量，因此，完美平衡这两种力量会为品牌注入一种有吸引力的冲突感。

缪缪（Miu Miu）

缪缪Wander包

缪缪是意大利奢侈品集团普拉达（Prada）于 1993 年创立的子品牌，它的产品具有高纯度、低彩度的明快色彩，及大胆活泼的图案和富有创意的细节，这些都传达出一种开放活力、青春甜蜜的感觉。但是，缪缪在产品细节上又使用重工进行点缀，其产品制作精良，材质高级，因而奢华不减。缪缪品牌通过将青春自由的感觉和高级感相融合，创造出一种独特的品牌形象，这种形象吸引了那些既追求年轻活力又注重高品质的消费者。

菲亚特 & 宝格丽联名汽车

菲亚特和宝格丽推出了一款联名电动汽车 B.500 by BVLGARI Mai troppo。众所周知，菲亚特是以灵动活泼闻名的汽车品牌，与宝格丽的联名，为菲亚特注入了不少奢华时尚的元素。该车型的外饰采用番红花橘色搭配金沙雾面效果，充满活力和能量。内饰方面，该车型使用镶金边的方向盘和按钮，华丽的托帕石、紫水晶和黄水晶作为点缀。蓝色皮革座椅和精致的缝线充分展现精湛的工艺和豪华感，而中控台和座椅边缘饰以大胆华丽的彩色图样，带来了一种挑战传统、充满冲突感的奢华体验。这种奢华中的冲突感与青春自由的氛围完美交融，呈现出独到的设计品位。

菲亚特&宝格丽
联名车款B.500
by BVLGARI Mai
troppo

-3-

第三节
品牌年轻化

一、品牌年轻化是品牌与时俱进的表现

在旧时的经济活动中，每个人都在自己有限的社区空间中出生、成长和死亡，个体对集体的服从是传统秩序的核心，人们的一切商业、娱乐活动都在一个较小范围的社群内进行。然而，随着社会的进步、经济和技术的发展，火车、汽车、飞机等交通工具，以及电报、电话等各种新技术拓宽了人们的活动空间。工薪制度的发展使得许多年轻人拥有独立的有偿支付能力，国家教育体系的发展也导致越来越多的年轻人离开家庭和原有社区。

近年来，中国社会出现了一个能够在身心上摆脱社群束缚、不追随父辈文化的青年群体，他们产生了独立的自我意识，拥有自己的文化和语言风格。时代背景塑造了一个新的青年群体，他们通过服饰美学、标志物等来表达自己的群体身份和价值认同，拥有与长辈不同的消费偏好与生活习惯。从社会学理论角度上来看，这种现象可以解释为后现代主义的一种表达。后现代主义强调个体主义、文化多元化和新陈代谢的社会，这与年轻一代的特点相符。他们更倾向于自我

表达，强调个体需求和欲望的满足，而不是传统社会中更普遍的集体观念。

品牌也是时代的产物，具有短期稳定性和长期适应性。品牌要长久发展，保持品牌活力，要顺应当代消费者的需求，不断吸引新的受众。美国学者托马斯·科洛波洛斯（Tom Koulopoulos）在《圈层效应》一书中写道："面对年轻群体的强势崛起，只有理解消费主力的商业逻辑，懂得如何靠拢这一代年轻人，未来的商业才能成功。"每个时代的青年消费者对应的消费观念、生活方式、价值观以及审美是不同的。因此，一个品牌想要长久发展，就要顺应每个时代的消费者，并得到他们的价值认同。上一代消费者会逐渐成熟、老去，而品牌也有自己的生命周期。在"诞生—成长—成熟—老化"这一过程中，成熟品牌要避免老化，重塑品牌活力，那就需要为品牌注入一些与时俱进的要素，推进品牌年轻化战略，才能延长品牌的生命周期。

值得注意的是，品牌年轻化不是将品牌"年轻人化"，而是消费者一次次迭代的过程。新消费者的崛起，给不断变化的市场环境带来了不一样的挑战。新生代消费者具有不同于老一辈的消费观念、购买习惯、价值观以及审美，市场要学会用新消费群体的方式与之沟通。如今，随着现代商业迈入品牌情感化的阶段，品牌年轻化最重要的是要从生活方式、审美、价值观等层面获得新消费群体的认可。然而，实施品牌年轻化战略也要关注不同地区的经济文化背景差异，并深入了解不同地区年轻消费群体的差异。

以中国市场为例，中国的高端消费市场正在快速年轻化。这种趋势之所以存在，有社会经济、文化背景的原因。一方面，中国富裕家庭的父母愿意为孩子的高消费买单；另一方面，中国作为全球最大的互联网市场之一，年轻一代在科技和数字领域具有强大的竞争力，这使他们更有机会依靠自己的力量，在年轻时就在事业上取得令人瞩目的成绩。2010 年，据《胡润百富》报告称，中国富豪的平均年龄比西方小 15 岁，中国跑车买家的平均年龄是 30 岁出头，豪华轿车买家的平均年龄大约是 40 岁。早在 2007—2010 年，中国奢侈品主流消费群的最低年龄就已经由 35 岁下降至 25 岁。这些数据从侧面印证了中国年轻化市场的独特性。

中国的年轻高净值消费者具有新颖的思维，追求更新潮的生活方式。许多品牌已经注意到这一趋势，正积极地为这一群体打造贴合他们审美与生活方式的产品，并在营销层面展示出新颖的价值观，意图在精神层面引发他们的共鸣。

奥迪 A5 软顶敞篷版（Audi A5 Cabriolet）在中国的广告片就是一个例证。画面中，一位年轻女孩手持滑板，这种人物形象设计表示这位女孩的生活基调是年轻、玩乐，但是女孩旁边停着一辆奥迪 A5 软顶敞篷版汽车，其秀丽的造型和粉色的车身与女孩优雅潮酷的气质相得益彰。在欧洲市场，包含这类画面内容的广告无疑是新颖的，因为这款车是售价高昂的豪华车型，如果按照传统市场的消费者发育路径来看，能负担得起的消费者往往是事业有成，仍具有年轻心态的中年人，而中国年轻化市场的独特性，使品牌方塑造这种年轻

奥迪A5软顶敞
篷版广告片

化的广告画面成为可能。

　　在品牌与消费者沟通三层次理论中，我们提出的最高层次是精神与审美，因此，年轻消费者作为未来市场消费的主力军，注重与他们的沟通，获得他们的价值认同，有利于品牌适应当下和未来的商业环境。

二、品牌年轻化趋势

　　上海交通大学设计趋势研究所对市面上大量的年轻化品牌案例进行了检索与分析，旨在深刻理解这些品牌是如何抓

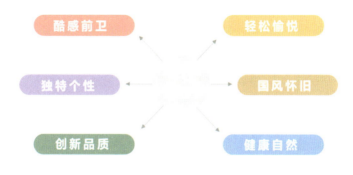

品牌年轻化的
六个趋势

住"年轻"的精髓。通过对这些年轻化品牌输出的价值观关键词进行搜集与整理，并结合 Value-C 进行关键词定位与聚类分析，最终，我们分析出了以下六个方向的品牌年轻化趋势，分别是酷感前卫、独特个性、创新品质、健康自然、国风怀旧和轻松愉悦。

1. 酷感前卫

当代年轻人生活在一个强调个体权利和自由选择的社会中，这种自由主义的思维方式促使他们尝试不同的可能性，包括个人的生活方式、消费选择和文化体验。很多年轻人都想要打破常规，遵循内心想法生活，他们渴望拥有更高的自由度，表达自己真实的态度，勇于探索不同的人生。此外，在年轻人经历自我发现和认同的过程中，那些带有酷炫、与众不同的设计元素的产品，能够帮助他们在社会中脱颖而出，彰显自己的前卫与个性。他们渴望拥有特别的生活方式和符合他们价值观的消费品，这不仅是他们对某类产品的选择，更是他们对某种生活方式的认可。

斯图西（Stüssy）

斯图西是由斯旺·斯图西（Shawn Stüssy）于 20 世纪 80 年代初创立的时尚品牌，创始人从销售带有他签名的冲浪板开始，逐步把这种标志性签名涂鸦的使用扩展到服装领域，最终发展出新一代的海滩文化，在滑板和嘻哈场景中流行起来。通过品牌经典的大面积印花元素设计，斯图西不断突破创意界限，其产品展现出一种酷炫的街头美学，并不断与那些寻求前卫、个性表达的年轻人产生共鸣。同时，

斯图西系列服装

与艺术家和其他品牌的联名合作使该品牌与青年潮流结合更加紧密，这些营销行为进一步巩固了斯图西在全球潮流文化中的地位。

在2023年的秋季系列中，斯图西对品牌的标志性视觉效果进行了突破性的尝试。蟒蛇图案、泼墨、涂鸦等元素以一种非传统的方式融合在一起，出现在日常服饰中。这种时装风格模糊了前卫时装与日常穿着之间的界限，展现了品牌强势的潮流感知能力，吸引了许多潮流青年争相购买。

2. 独特个性

年轻人在成长过程中会经历自我认同的探索阶段，他们试图理解自己是谁，以及他们在社会中的角色。这一过程常常伴随着对个体独特性的渴望，他们想要被认可和接受，同时又不希望被归类为普通或平庸。每个年轻人都渴望寻求原始和本真的自我，希望找到专属于自己的个性，从而更好地表达自我，有个性、独特的产品更容易获得他们的认可。

日产蓝鸟

日产汽车（NISSAN）旗下的蓝鸟车型历史悠久，共历经了11次换代。从主打商务与豪华，到成为年轻化个性车型的代表，蓝鸟车型总带有一抹传奇的色彩。

从1959年诞生到2007年停产，蓝鸟历史车型前后跨越近半个世纪。中国东风集团旗下的风神汽车与裕隆汽车在1999—2003年合作开发了三代国产蓝鸟汽车，分别为风神蓝鸟、第二代风神蓝鸟和第三代蓝鸟。其中，第二代风神蓝鸟凭借配置齐全和高性价比的产品定位在市场上大获成功。这款车的造型流畅优雅，前脸平直的车灯和细密线条的中网设计，配合金属饰线勾勒的保险杠和精致的轮毂造型，让这款车具有商务和豪华的风格。2005年，国产蓝鸟产销超过30万辆，成为中国家喻户晓的经典车型。2005年之后，蓝鸟车型逐渐让位于日产轩逸车型，在2006款车型停产后，"蓝鸟"这一名称就一直被封存。

2015年上海车展期间，东风日产发布了旗下全新紧凑级轿跑车蓝鸟（LANNIA）。这是一款目标消费者为"85后"和"90后"年轻人的车型。日产洞察到年轻人追求个性、喜爱彰显自我的心理需求，并将此作为新一代蓝鸟的设计思路。在外观设计方面，蓝鸟传承了日产汽车的部分设计理念，如沿用了家族化的造型语言，但也带来了令人耳目一新的创新。相比于以往的车型，设计师大胆地改变了蓝鸟的车身比例：这是一款"两厢之上，三厢未满"的全新车型，悬浮式车顶、上扬的后窗线模糊了三厢车与两厢车之间的界限。类似于溜背式的设计在给予消费者更多后排空间的同时，带来了独特的年轻化感受。设计团队还为蓝鸟设计了造型特殊的回旋镖

左：第二代日产风神蓝鸟（2003款）右：新一代日产蓝鸟（2015款）

式大灯，其创作灵感来自鹰眼，这让这款车"目光"炯炯有神，加强了前脸设计的攻击性和俯冲感，让车型更具运动感。

新一代蓝鸟车型是日产汽车打破舒适、中庸的品牌印象的一次成功尝试，它大刀阔斧的创新改变了历史车型留下的市场印象，吸引了诸多年轻人的目光，也为日产品牌注入了新鲜血液。

3. 创新品质

年轻人是一个充满活力和好奇心的群体，他们在消费和生活方式上展现出了独特的一面。如今的年轻消费群体被描述为"数字原生代"或"千禧一代"，他们具备强烈的探索欲望，对新事物的敏感度和接受度非常高。年轻一代通常希望过上比他们的上一辈更好的生活，这包括更高的生活品质和更丰富的体验。

因此，具有创新品质的品牌，对年轻人具有强大的吸引力，并能够长期在市场上保持竞争力。

Lee 牌牛仔裤

Lee 牌牛仔裤品牌的核心在于不懈追求的高品质和独特设计，如多口袋设计、引入创新拉链等。这些特点不仅定义了 Lee 的品牌内核，也成了消费者对其产品的期待和信赖的

Lee牌牛仔裤

基础。在保持这些核心特征的同时，Lee 也在不断地根据时代的发展进行产品的创新与改良，始终保持一贯品质和与时俱进的姿态。

　　Lee 牌牛仔裤一直是美国牛仔文化三大经典品牌之一。最开始，牛仔裤还是男性的专属，1949 年后，随着越来越多的女性参与工作，女装革命也随即展开。品牌抓住时机进军女装市场，推出女装牛仔裤 Lady Lee Riders，在保留经典的牛仔裤设计的同时，针对女性群体的需求进行了创新。Lady Lee Riders 在设计上充分考虑了女性身形的特点，与传统男性牛仔裤相比，在剪裁上更加合身，注重凸显女性的身体曲线。除此之外，在设计细节上也展现了女性化的元素，包括独特的口袋设计、装饰性的缝线、别致的扣子和拉链等，这些设计不仅提升了产品的美观性，也使牛仔裤更具时尚感。Lady Lee Riders 系列在色彩和图案设计上也更加丰富多样，提供更多选择，满足不同女性的个性化需求。从经典的蓝色牛仔到不同的水洗效果，再到时尚的图案和色彩，可以看出，Lee 牌牛仔裤在力求传承品牌传统的同时，满足了现代女性对时尚和个性的追求。

在 20 世纪六七十年代，Lee 牌牛仔裤以 15 ~ 24 岁的青年为市场目标，这个年龄段的人正是在"婴儿潮"时期出生的，在总人口中占相当大的比例。20 世纪 80 年代初，昔日"婴儿潮"一代已成为中青年，为适应目标市场的变化，Lee 牌将原本针对青年人的产品进行了改进，使其更适合中青年消费者的体型。到了 20 世纪 90 年代初，该品牌牛仔裤在中青年市场上的份额上升了 20%，销量上升了 17%。牛仔裤不再只是年轻人的专属，即使是中青年人，也能穿上 Lee 牌牛仔裤，感受昔日的那份年轻。

Lee 牌牛仔裤之所以能够跨越不同年代，成功地占据市场的重要位置，关键在于其在始终坚持品牌内核的同时，不断对产品进行时代化的更新和改良。这种策略使品牌既留住了老顾客，又能适应新市场的需求，从而长久地发展下去。

卡西欧（Casio）

卡西欧是日本三大知名手表品牌之一，多年来以多功能的 G-SHOCK 手表著称于世。与欧式传承经典式样的手表品牌不同，卡西欧品牌以活力、年轻、时尚与多功能的形象立足，在世界范围内吸引了众多年轻的消费者与品牌簇拥者。

20 世纪 70 年代，卡西欧凭借迷你电子计算器获得了巨大的商业成功，初步树立了品牌地位。为了进一步提高赢利能力，卡西欧公司决定生产钟表，从而使业务多样化。但是，20 世纪 70 年代中期，日本的钟表行业生产和销售联系紧密，新的制造商要进入钟表市场的门槛很高，但卡西欧没有退却，他们在 1974 年 10 月推出了电子表 CASIOTRON。这款电子表不仅能够显示小时、分和秒，还拥有一项独特的功能，即自动判断一个月的天数以及当前年份是否为闰年。而真正引发业态变革的，是卡西欧在 1983 年推出的新型手表 G-SHOCK，这款手表的诞生可谓一举颠覆了当时的钟表业。G-SHOCK 手表不仅迎合了手表向更薄、更轻的外形发展的趋势，其设计理念更是非常独特，它可以从高楼楼顶掉下而不受损。刚上市时，由于外观的独特，G-SHOCK 只在少数市场（如美国）受到欢迎。但十年后，世界时尚潮流发生了改变，这款产品开始在全球热销，G-SHOCK 手表开启了新型防震手表的时代，成了卡西欧的代表性产品。

卡西欧G-SHOCK

　　直至今日，卡西欧的 G-SHOCK 手表仍在不断更新产品线。卡西欧的腕表不仅是记录时间的工具，更是一种风格和精神的阐释：年轻、时尚、张扬、个性十足，充满对年轻人自我意识的诠释。卡西欧以前瞻的创造力，在产品研发与设计方面不断推陈出新，成为世界腕表品牌中一个亮眼的存在。

　　4. 健康自然

　　近几年来，年轻人越来越注重自身健康，开始认识到健康对于幸福生活的重要性，因此，他们更愿意选择健康食品、有机产品和可持续的生活方式。年轻一代消费者也开始关注全球问题，如气候变化、环境污染等，他们认为自己有责任采取可持续的行动，减少对环境的负面影响，这反映了年轻人"道德消费"的观念，他们通过购买决策来表达他们的价值观。因此，随着健康、可持续的消费理念逐渐深入人心，新时代的消费者越来越关注自身和环境的问题，对健康、自然的产品偏好度越来越高，同时更倾向于支持那些具有环保和社会责任感的品牌。

无印良品（MUJI）

无印良品是一个以自然、健康、简约为核心价值观的日本品牌，其产品通常使用天然材料，如木材、棉花、麻织品等，强调使用对环境友好的材料，尽量减少有害物质的使用。这种材料选择不仅为产品增加了自然的触感，还确保了用户的健康和安全。无印良品的设计理念是"无设计"或"不加设计"，强调产品的实用性和功能性。他们的设计通常简约而不过多修饰，体现自然与健康的生活方式，突出产品的本质。

无印良品旗下的 MUJI Hotel，室内设计展示了品牌自然、健康、简约的核心价值观

无印良品在色彩的使用上，通常用中性、柔和的色彩，如白色、灰色、深蓝色等，传达出安宁、平静和清新的感觉，与自然和健康的生活方式相契合。他们的理念不仅体现在产品外观、材料选择、包装设计上，还延伸到店铺的布局和陈列方式上。这一系列设计元素都传达出了自然、健康的价值观，吸引了那些追求简单、清新、环保生活方式的年轻消费者。

5. 国风怀旧

中国新一代年轻人出生于经济和城镇化高速发展时期，享受到了经济增长的红利。在他们成长的过程中，国家不断崛起，成为全球重要的经济和政治力量，这种国家的自豪感和爱国热情，深深地扎根于他们心中，使他们更愿意支持本土品牌和产品，热情地表达对中国文化的喜爱之情。

这代年轻人普遍接受过良好的教育，接收信息的范围广泛，思维开阔，具有很强的创新意识。如今已经有一批年轻人和新品牌积极投身于传统文化的发掘与再造工作中，他们引领着一种新的审美和流行趋势，"将传统转化为现代、经典变为流行"就是他们响亮的宣言。

花西子

作为国货国风美妆产品的代表之一，花西子通过聚焦年轻人崇尚的个性化消费的特点，将国风融入品牌的经营中，成功赢得了年轻化美妆市场。

花西子拥有独特的产品定义思路。首先，花西子挖掘传统的美容养颜知识，并将其融入美妆产品的打造中，用"以花养妆"作为产品的核心卖点，这一理念带有浓郁的中国文化韵味，成功地在消费者心中树立了差异化认知。其次，花西子彩妆产品的造型设计在中国美妆市场上可谓独树一帜，品牌早期就推出了同心锁雕花口红，宫廷风格的包装、同心锁的样式等极具东方特色的产品设计，让该产品一举成为网络爆款，并使花西子这个新兴美妆品牌在年轻消费者心中留下了深刻的印象。

后来，花西子品牌再接再厉，又陆续推出了"西湖印记""苗族印象""傣族印象"等系列产品。2023 年，花西子正式推出了"蒙古族印象"系列新品，这一系列的产品由内到外的创作灵感都来自蒙古族的传统文化、服饰和日常生活。官方介绍显示，"蒙古族印象"系列新品以蒙古族皮雕画非遗技艺为灵感起源，拓入蒙古族传统图腾纹路，使产品极具艺术性与独特美感。为了让产品真正体现蒙古族人民的艺术精髓，花西子还邀请了蒙古族科尔沁皮雕画非遗传承人——嘎瓦老师共同探寻皮雕画技艺。这一系列产品内容物的开发也有大量灵感来自蒙古族和内蒙古地区的风土人情。比如，腮红颜色的灵感来自阳光照射下蒙古族女孩红润而熠

花西子"蒙古族
印象"系列产品

熠生辉的脸颊；唇纱颜色的灵感来自蒙古族的日常食品——蒙古族锅茶；彩妆盘的七个颜色则分别来自内蒙古草原的"霞光""沙漠""草原""星光""大山""红日"等七种不同自然风光。从产品的艺术和文化特征上来说，花西子"蒙古族印象"系列产品做到了"表里如一"。

在每一款产品上打磨艺术性与实用性的极致平衡，是花西子开发产品的独特哲学。聚焦中国传统文化与少数民族文化，花西子将沉寂于现代文化的中国传统元素进行现代化创新设计，成功塑造了东方彩妆的品牌形象，成了新消费时代最知名的民族美妆品牌之一。

6. 轻松愉悦

当代社会的快节奏生活使许多人更加注重精神层面的满足和情感的平衡。刚步入社会的年轻人不论事业还是生活，都处于起跑线的位置，不免会在心里产生较为剧烈的不适与压力。年轻人开始意识到，仅仅拥有物质财富并不能完全满足他们的幸福感，他们开始将目光投向心灵的平静和情感的满足。可爱、有趣、治愈的感受可以填补年轻人的情感空虚，成为他们的情感寄托。此外，实用、简约和便捷的产品会使年轻消费者在使用时心理压力更小，体验更加轻松。

Ben&Jerry's 与耐克（Nike）联名

2020年，耐克与美国冰激凌品牌 Ben&Jerry's 联名推出了 Nike SB Dunk Low × Ben&Jerry's Chunky Dunky 鞋款，一推出便火爆全网。是什么样的品牌形象能够吸引耐克与其合作呢？ Ben&Jerry's 冰激凌品牌具有一种活泼、乐观和不拘一格的品牌文化，他们的广告和社交媒体活动常常带有幽默感和反叛精神，这种品牌文化吸引了那些寻求乐趣和积极体验的年轻消费者。在 20 世纪 90 年代初期，当柏林墙倒塌并结束了东西德分裂的时候，Ben&Jerry's 推出了一款名为"柏林墙"（Berlin Wall）的冰激凌。这款冰激凌由巧克力冰激凌、樱桃酱和巧克力"墙块"组成，象征着东西德的统一。当巴拉克·奥巴马（Barack Obama）当选为美国总统时，Ben&Jerry's 推出了一款名为 Yes Pecan 的冰激凌，以致敬这位总统。这个名称取自奥巴马的竞选口号"Yes,we can"（我们一定能），"Pecan"是一种坚果，这个名称巧妙地融合了政治口号和冰激凌口味，展示了品牌的幽默感。Ben&Jerry's 不仅提供美味的冰激凌，还代表了一种轻松愉悦的生活方式。

所以，Chunky Dunky 鞋款从鞋盒、鞋身到鞋带，都完美诠释了 Ben&Jerry's 的风格。鞋身框架以类马毛的材质组成，设计灵感来自 Ben&Jerry's 的包装设计，蓝天白云、绿

Nike SB Dunk
Low × Ben&Jerry's
Chunky Dunky
鞋款

145

意盎然的草地，黑白两色构成乳牛的花纹，每个元素都呈现出满满的愉悦感和治愈感。侧边的耐克标识以黄色为主色，加上冰激凌融化时的效果，让标识更新奇，丰富的设计加上鲜艳的色彩，完美呈现了 Ben&Jerry's 品牌活泼、夏日的感觉。在细节处理上，扎染样式的多彩鞋帮内衬，鞋舌标签上印有 Chunky Dunky 的标语，内标签上印有 Ben&Jerry's 的品牌标识，下方印有 "If it's not fun,why do it?"（没乐趣的事情我不做），这种为了玩乐而生的态度完美结合了品牌的街头理念。

在品牌年轻化的浪潮中，我们看到了品牌与年轻一代的共鸣，见证了年轻消费者在价值观和生活方式方面的崭新选择。年轻化不仅是一种市场策略，更是品牌与时俱进、与消费者真诚互动的表现。因此，品牌年轻化不仅意味着跟随潮流，更是倾听年轻一代的声音，共同创造一个更加开放、多元、有活力的未来。在这个过程中，品牌需要保持灵活性，敢于突破传统边界，坚守自己的核心价值观，为年轻人提供更好的产品和体验。

-4-

第四节
女性美

一、中国女性形象的历史变迁

在中国社会的快速发展过程中，女性形象经历了深刻的历史转变。1949年后，女性地位受到了前所未有的重视，国家宣扬女性解放精神，鼓励女性参与社会劳动，并通过政策支持女性进入工作岗位，尤其是在教育、医疗和工业生产领域。这一时期的女性形象以坚强、勇敢、独立为主要特征，女性与男性一起成为国家建设的重要力量。进入20世纪60年代，女性被强调要像"铁姑娘"一样坚强，形象多以朴素、务实为主。然而，这也是女性自我意识觉醒和独立思考能力提升的重要时期。

20世纪70年代至90年代，随着改革开放的深入，女性的生活状态和形象也发生了转变。这一时期，市场经济的兴起和文化的开放带来了新的生活方式和价值观念，女性开始有更多机会接触和了解国际上的时尚和生活方式，开始追求个性与多样化的生活。在这一时期，港台影视剧开始风靡，其中自由浪漫的恋爱剧情、明丽美艳的女主人公给广大女性留下了深刻印象，并由此不断引领流行趋势的变迁。此时女性的穿着从单一的服饰风格，逐渐转向更为时尚和多样化的风格。伴随商品经济的发展，社会上开始涌现出一批女性企业家和知名职业女性，她们的成功改变了女性社会分工的传统观念，她们也成为广大女性的事业榜样。

千禧年的来临标志着一个新时代的开启，经济的长期发展以及全球文化交流的日益密切，为中国女性提供了更开阔的视野和发展的可能，她们不再将自己框定在传统家庭角色之内，而更期望自己作为独立的个体，在职场、家庭、社会等多个方面展现自己的独特才华和能力。随着数字技术让全球信息传播更为便利，中国女性的形象也更加国际化和多元化。她们在传统文化和现代价值观之间找到了平衡点，展现出既有东方韵味又兼具国际视野的独特风格。在时尚、艺术、科技等领域，中国女性正以前所未有的方式表达自己，展现出新时代女性的风采。

二、中国女性美的八分法

笔者团队每年都会分析时下社会热点信息和各行业最新发展资讯，记录和储备当年最新的流行趋势，形成庞大的流行趋势数据库。2023 年，我们对近年流行趋势数据库中与女性主题相关的流行趋势进行梳理，并对未来趋势做出研判，发现中国的经济、文化、女性价值观与生活方式已发生深刻改变，女性形象进一步细分并呈现多样化。我们把如今的中国女性形象划分为八个主题，分别是"大女主"、自然主义、性感魅力、特立独行、活力四射、东方美、甜美可爱和元宇宙。

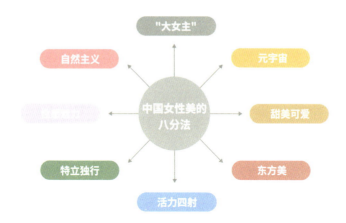

中国女性美的
八分法

1."大女主"

这类女性形象展现了一种强大的精神力量和独特的个人魅力。她们通常具备独立和自信的特质，表现出对生活的积极态度和对事业的热忱投入。在社会中，她们往往是领导者或榜样，具有强烈的社会责任感和影响力。在外貌上，她们追求的是简约而不简单的高质感打扮，强调个性和内在的光芒。这种女性形象在现代社会中日益增多，她们不满足于传统的女性角色，而是在多领域展示自己的能力和魅力。

2023 年末，国产电视剧《繁花》热播。该剧的故事背景设定在 20 世纪 90 年代的上海，主要讲述了阿宝等小人物抓住时代机遇、奋斗改变命运的故事。其中，至真园餐厅女老板李李，以成熟独立的人格、智慧及美貌成为焦点，她的形象和风格成为"大女主"的典范，在互联网上引发了广泛的讨论。

李李是一位果断坚定的女性，她始终明晰内心所求，在自我设定的规则中掌握自己的命运。剧中，她一举豪掷3 000万元收购了黄河路上位置最好的金凤凰餐厅，改名为至真园。在经营至真园的过程中，她展现出了非凡的商业才能和领导力，沉着冷静地与各种角色周旋、交涉，解决了多次生意危机。她不畏强权、勇于挑战传统社会对女性的限制，独立自主、勇往直前的精神深深吸引了观众，尤其是女性观众。

在各种社交平台，李李在剧中带有浓郁港风和复古色彩的妆造风格被网友称为"搞钱大女主风"。这类风格深层次地展现了女性主体的野性力量和雷厉风行的处事风格。各大美妆博主拆解剧中李李的妆造思路，将其元素构成总结为"港风妆容＋复古夸张配饰＋穿搭上包含动物纹/皮草＋露肤度"，展现大体量感轮廓和浓郁的色彩，既具有中式大气之美，也充满野性和危险的魅力。在互联网平台上，多个李李仿妆视频成为爆款，"繁花李李仿妆""繁花李李仿拍"成为热门词条，专业摄影棚品牌也推出此风格套餐，可见这一角色对女性群体的广泛影响力。

小红书博主分享的"大女主"式妆容

年轻一代女性对李李这类充满力量感的女性形象的追求，与当今社会女性对自主和自由价值观的向往不谋而合。这类女性形象代表的女性力量和坚定的自我认同，为年轻一代女性提供了宝贵的启示和激励，成为她们追求自我成长和自我实现的强大动力。

2. 自然主义

自然主义类型的女性，倾向于展现自己最真实、自然的一面。她们不追求完美无瑕的外貌，而是更加注重内在世界的丰富性和个人生活的舒适性。这类女性通常拥有轻松随性的生活态度，享受生活中的"小确幸"，并且在穿着上青睐自然舒适的风格。她们愿意自信地展现自己的不完美，因为在她们看来，每个人都是独一无二的，不需要追求主流评价的高标准。这种自信和对生活的热爱使她们散发出独特的活力。

露露乐蒙（Lululemon）是创立于加拿大的运动生活方式品牌，主打各类瑜伽服饰，自 1998 年成立到 2007 年上市，Lululemon 在全球范围积累了巨大的品牌影响力。

瑜伽服这类紧身运动衣的历史，可以作为观察现代社会性别观念变革的一个重要窗口。百年前，紧身裤是男性运动员、军人或体力劳动者的身份象征，而同时期的女性如果穿着紧身衣物，会承受巨大的社会舆论压力；20 世纪，女性开始在特定的、只有同性的私密空间中穿着紧身衣物锻炼；而在今天，紧身衣的穿着逐渐从私密空间延伸至公共场合，甚至成为都市白领和中产阶级女性的时尚标志。Lululemon

销售的瑜伽服正在成为潮流女性追捧的日常衣物，并引领着一种全新的生活方式。

Lululemon大码
瑜伽服

Lululemon 的核心受众被称为 "Super Girls"，是指24 ～ 40 岁、受教育水平高、中高收入、喜欢运动、对价格不敏感的女性人群。瑜伽的普及和对健康生活方式的追求，使得紧身裤成为这类女性自信和热爱生活的体现。Lululemon 凭借对这一趋势的敏锐洞察和积极响应，引领了女装领域的一场新革命。将紧身裤从瑜伽教室带入日常生活的举措，不仅改变了女性的着装习惯，更深远地影响了她们对自身形象的认识。这一变化背后，是对女性身体自由和审美独立的肯定，对传统性别角色和着装规范的挑战，不仅是在引导女性告别"白瘦幼"的传统审美，更是在鼓励女性走出"身体愧疚"（Body Shame），勇敢做自己。

Lululemon 提出的这些新兴概念，不仅聚焦于运动品牌常关注的身体健康层面，还包括心理和社交健康，强调了全面健康的生活方式。这一理念在推广一种更为健康的价值观的同时，还强调了每个人的独特价值。Lululemon 成功地与消费者建立了有效的品牌联系，将健康、自然和个性的价值观完美融合，为消费者提供了更加丰富多元的生活选择。Lululemon 通过品牌和产品的双向力量，锚定热爱运动的女性圈层，从较为小众的瑜伽文化品牌，逐渐成为引领女性健康与运动文化的主流品牌。

3. 性感魅力

敢于展现自己的女性，往往代表了一种强烈的自我意识和对自我价值的肯定。符合性感魅力这一主题的女性通常自信、大胆，不畏他人眼光，敢于表达自己的吸引力。在着装上，她们可能选择更加突出身体线条的衣物，或者有特色的设计来展现自己独特的风格。她们的性感不仅仅是外在的，更是一种内在的力量和自信的体现。

Dion Lee

纽约时装设计师迪翁·李（Dion Lee）于 2009 年创立了同名设计师品牌，该品牌以实验性建筑理念和传统剪裁技巧相结合而闻名。迪翁·李擅长调整传统剪裁，以创新性的服饰结构打造廓形精品，该品牌崇尚建筑美学，欣赏自由、独立、勇敢的女性，通过建筑轮廓来增强女性形象。每一个系列的设计都是传统裁缝技巧和对女性身体认知的完美结合。

在 20 世纪六七十年代的中国传统社会环境中，女性暴露身体被视为一种不符合社会规范的负面行为。然而，随着改革开放和经济发展，中国女性观念产生了深远变化，许多女性已经摆脱了对展示女性形体美的羞耻感，她们对展现自己身体美的衣着不再抵触，甚至乐于大胆尝试，引领新的风潮。

2019年年底，世界范围内暴发了新冠疫情，人们大都待在家中，许多人降低了对装扮的需求。但随着生活的恢复，人们纷纷走出家门，此时，互联网上忽然掀起了对户外、海滩、度假风格的广泛关注和追捧。TikTok（抖音国际版本）上流行的"Buss It 挑战"反映了这一趋势：视频中，身着宽松运动装的女孩瞬间变装，换上色彩斑斓的短上衣和清凉的短裙。人们通过变装表达外出的愉悦，以及对生活的热爱和对个性的追求。许多网络红人选择穿着 Dion Lee 胸衣来到阳光明媚的海滨度假，修身的裁剪，清凉的装扮，具有力量感的衣物廓形，让他们向外传递了一种自由奔放的生活态度和大胆展现自己身体美的内在自信。

Dion Lee 用精致、极简的裁剪轮廓将鱼骨胸衣这种几百年前用于束缚女性身材的塑形衣物变为自由展现女性魅力的时尚单品，开创了内衣的全新品类，创造出了既展现女性身体美感又不失实用性的服饰风格。Dion Lee 的设计不仅是外在的时尚表达，更是一种对女性自我意识的强烈肯定。品牌塑造的女性形象既自信又强大，不仅有细腻柔软的一面，还

Dion Lee 胸衣
（CROCHET
CORSET款）

有敢于表达自己身体与内心的双重魅力。

4. 特立独行

符合特立独行主题的女性不仅在穿搭上表现自己的个性，在生活方式和价值观方面也同样独树一帜。她们追求真实的自我，不拘泥于社会传统和常规的框架。在艺术、文化甚至日常生活的选择上，她们都力求表达自己的独特见解和品位，乐于探索流行趋势与时尚的边界。她们可能会选择一些特别的爱好或兴趣来进一步彰显自己的个性，并用这些爱好吸引志同道合的朋友，形成一个个小众的文化圈层。

在社交媒体和公共场合，这类女性往往勇于表达自己的观点和想法，不畏惧他人的评判。她们是一群勇于探索未知、不满足于平庸、永远追求个性化表达的人。她们的存在提醒我们，生活可以有无限可能，只要我们勇敢地追求自我。

多巴胺女孩

"多巴胺"是一种脑内分泌物，它在维护人类情绪平衡中发挥着关键作用。2022年，"多巴胺女孩"的形象在中文互联网上迅速走红。这些分享"多巴胺穿搭"的女孩，以装扮新颖、充满活力的姿态，代表着一群热衷于探索新事物并乐于向外传达快乐情绪的年轻女性。

多巴胺风格之所以流行，与新冠疫情引发的全球性长时间居家隔离不无关系。在疫情防控期间，许多人不得不面对孤独、焦虑和压抑的情绪，生活变得单调乏味，内心渴望释放和表达。正是在这样的背景下，多巴胺风格的出现就像一束光照进了暗室，为人们提供了一种通过色彩和创意表达自

多巴胺风格穿搭

我的方式。这种快乐、活泼的风格成了人们重燃生活激情与释放活力的源泉。

多巴胺风格不仅是一种时尚趋势的体现，更是对低落的社会情绪的一种积极回应。它反映了人们对生活态度的积极调整，即在不确定和挑战中寻找色彩和希望，展现生命的韧性和活力。多巴胺女孩不仅是一种时尚现象，更是一种生活态度的象征。她们用自己的行动和选择，影响着周围的人，激发着社会的正能量，展现了年轻一代特有的鲜明个性和对美好生活的不懈追求。

5. 活力四射

这类女性热爱运动，生命力强，充满活力。在日常生活中，她们会更多地参与各种体育活动，因此在穿着上更注重功能性和舒适性，她们健康的生活态度对周围的人具有很大的正面影响。

fiboo 女性运动营养品牌

随着生活水平的提高，传统的美容观念正逐渐向健康美转变。越来越多的中国女性认为，拥有一个健康、强壮的身体比单纯追求纤细的身材更为重要，于是开始关注个人发展和自我实现，其中包括对身体和精神状态的关怀。因此，健身活动成为中国女性追求生活质量的一种流行方式。

fiboo 成立于 2021 年，是秉承"Shape My Beauty"（塑造我的美）理念的中国女性运动营养品牌，关注女性生理差异和运动需求，为女性提供更精细化的产品和服务。fiboo 的产品精选更适合女性身体需求的成分，并经过科学配比。这种细致入微的考量，不仅体现在产品的功效上，也符合女性对时尚美学和便携性的追求，从而满足现代中国女性对运动营养的全方位需求。

fiboo广告图片

同时，品牌组织成立了"好动 Club"，致力于打造一个热爱运动的女性社群，这是一个专为女性打造的运动平台，旨在激发女性释放她们的运动天性。通过这个平台，fiboo 鼓励女性用运动共同探索热爱的生活方式。品牌通过赞美健康活力的审美表达，为中国女性市场注入了更多的运动力量。

中国年轻女性的滑雪热

2022 年，北京冬奥会自由式滑雪女子大跳台决赛上，自由式滑雪运动员谷爱凌最后一跳偏轴转体两周 1620 度，极限逆转对手摘得金牌。作为一位优秀的滑雪运动员，谷爱凌在比赛中展现出了惊人的技艺和拼搏精神。她的每一次起跳、每一次翻转，都充满了力量和美感，让人们感受到了滑雪运动的魅力和激情。

凭借在北京冬奥会上的精彩表现，谷爱凌成为国内万众瞩目的运动明星，但她的影响力远不止于此，她的个人形象和时尚氛围同样引起了广泛讨论，成了年轻一代的时尚标杆。"谷爱凌滑雪穿搭""谷爱凌滑雪装备"成为网络热门词条，她额前标志性的两缕挑染黄发更彰显了个性。而当她身着滑雪服、佩戴滑雪头盔和雪镜时，帅气专业的形象也成了年轻人竞相模仿的时尚典范。

相关报道称，在谷爱凌拿下冬奥会历史上首枚自由式滑雪大跳台金牌的当天，"单板滑雪"一词已攀升至淘宝热搜第二位；谷爱凌在四川成都进行赛前训练的一家旱雪滑雪场，实时搜索热度也上升到平时的 15 倍。近年来的数据显示，自 2023 年 11 月以来，各大滑雪场生意火爆，全国滑雪订单暴增 800%，越来越多的年轻人喜欢上了滑雪，他

小红书博主分享其
欢快的滑雪过程

们选择直面凛冽的寒风，拥抱美丽的冰雪世界，全国滑雪消费不断升温。

"户外运动热"同样带动了相关户外装备的热销。在京东平台上，2023 年 10 月 31 日 20 时开场半小时，滑雪运动装备成交额同比增长超 6 倍；天猫"双 11"开售 1 小时，骑行、滑雪、户外鞋服成交额同比增长达 300%。京东"双 11"首周，骑行服、公路车、滑雪运动装备成交额同比增长超 4 倍，滑雪衣裤套装成交额增长 7 倍。

如今，年轻女性越来越热衷于滑雪等户外活动，她们以饱满的热情和活力，积极投身于这些运动之中。这些女性追求的不仅是运动带来的刺激与快乐，更是一种健康、积极、自由的生活方式。她们在滑雪场上尽情挥洒汗水，享受速度与激情的碰撞，展现出女性的坚忍与力量。她们通过社交分享自己的滑雪经历，交流滑雪技巧，共同感受滑雪带来的快乐与自由。

活力四射的女性不仅重视身体的自由和舒适，更追求一种健康的生活状态和价值。她们保持积极向上的心态，展现自己的个性和能力，追求更加充实快乐的生活。这类女性对运动的热爱源于对身心健康的追求、对压力释放的需求、对自我挑战的勇气，以及对积极生活态度的传递。她们通过自己的行动影响着周围的人，彰显着健康、积极、向上的生活态度，激励着更多人加入运动行列。

6. 东方美

东方美的女性形象融合了传统和现代的元素，展现出一种独特的魅力。在传统层面，这种美体现为柔和、含蓄与优雅，她们更倾向于穿着传统服饰，如旗袍或汉服，展现出东方文化的独特风情。她们的美不仅体现在外表上，更是一种文化底蕴和内在修养的反映。在现代层面，东方美的女性也能完美融入当代时尚，展现出时尚高级感和国际化视野。她们可能选择将传统元素与现代设计相结合的服饰，创造出独特的东西方融合风格。无论是在商务场合还是日常生活中，这类女性都能以自己独有的方式展现东方女性的魅力和自信。她们不仅是东方文化的传承者，更是现代社会多元文化的彰显者。

"国风大典"年度国风主题活动

在中华文化复兴的大背景下，汉服作为中国传统服饰的重要组成部分，正经历着一场前所未有的复兴浪潮，被越来越多中国女性追捧。近年来，国内掀起了一股将汉服融入日常生活的新风尚。

相较于过去追求完整复刻的全套穿搭方式，如今的汉服风尚更加多元和开放，中国女性开始融合传统与现代元素，创造出既具传统韵味又符合现代审美的新穿搭风格。网络上甚至有一些博主以"汉洋折中"为主题进行中西结合搭配，对不同的东方文化表现形式进行富有创意的探索。这一现象不仅反映了中国女性消费者对传统文化的认同与尊重，也标志着汉服文化在现代女性生活形态中的创新与适应化表达。

"国风大典"是抖音自 2020 年起在江苏常州东方盐湖城举办的年度国风主题活动，该活动已连续四年成为汉服文化普及和推广的一个重要平台。在这个盛大的活动中，许多模特会身着华美的汉服，优雅地展示具有东方美的女性形象。

2023年的"国风大典"活动总曝光量超过40亿，吸引了大量女性国风爱好者和传统文化追随者的积极参与。活动中最受瞩目的环节之一是"国风美焕夜"，该环节以新国风为主题，吸引了多家汉服商家的参与。许多商家将其代表性的服饰作品以走秀的形式展示给大众，无论是明制、唐制、汉制、魏晋风还是新中式汉服，每一件作品都散发着独具韵味的东方美。数百位国风达人的演绎，为线下以及观看直播的观众带来了一场意境优美的视听盛宴。此外，活动还邀请了多位艺术家，以及众多国风主题明星作为推广大使。人们穿着汉服，并带来传统且生动的国风舞蹈、乐曲演奏和古风歌曲表演，为国风文化强力发声。

"国风大典"年度国风主题活动

M essential 新中式服装

随着全球化的浪潮，传统文化与现代设计理念的结合日渐成为时尚界的新趋势，特别是在新中式风格的崛起中尤为明显。这种风格融合了传统东方元素与现代设计理念，将古老文化的精髓与当代审美巧妙结合。在这样的背景下，创立于 2014 年的 M essential 作为时尚界的新锐品牌，凭借对新中式风格的深刻理解与创新实践，迅速崭露头角。

M essential 立足中国文化传承，旨在探寻当代东方美学与现代生活方式的矛盾与统一。品牌的设计理念蕴含着诗意的优雅，通过艺术的手法将传统与现代之美融合。在材质的选择、结构的构思上，M essential 注重细节与人体的和谐关系，将对穿着者的深切关怀巧妙地融入每一件衣服之中。

品牌希望塑造一种当代东方的精致生活方式。其设计展现了一种静谧而沉稳的优雅，完美诠释了具有东方美的女性形象的深沉内涵与外在风韵，这种独特的新中式风格备受时尚圈层的青睐，服装作品频繁出现在《时尚》(Vogue)、《世界时装之苑》(Elle) 等国际知名时尚杂志的封面和内页上。在时尚大片的呈现中，M essential 经常结合中国民俗元素，从传统节日到人民生活形态，传达一种温馨而让人感到熟悉的东方意境。同时，品牌深受众多国内外明星的喜爱，她们穿着 M essential 的作品，将这种兼具传统魅力与现代风格的

M essential系列
服装

高雅中式韵味展示给全球更多女性。

7. 甜美可爱

这一类型的女性形象充分展现了童趣和天真烂漫的少女美。她们通常拥有清新脱俗的外表和纯真无邪的气质，给人一种青春洋溢的感觉。在穿着上，她们倾向于选择轻盈飘逸的裙装、亮丽的颜色和可爱的图案设计，展现出少女般的甜美和活泼。她们的笑容和行为中自然流露出的天真烂漫，不仅能够感染周围的人，也能成为她们独特的个人魅力标签。

花知晓

花知晓是 2016 年创立的国货美妆品牌，以极致的少女风格在中国女性美妆市场中引发广泛关注。品牌认为，每个女性内心或多或少都保留着一份少女时期的甜美与纯真，特别是在东亚社会文化背景下，这种甜美可爱的风格仍有广泛的社会基础。虽然越来越多的人开始意识到幼态审美的局限性，但这种甜美的少女风格仍然吸引着特定的女性群体。

品牌根据这类甜美可爱风格的女性的特点，以精致的产品细节吸引消费者的眼球。品牌从童话故事和艺术作品中汲取灵感，推出了一系列美妆产品。仅从产品的图片中，就能感受到这些产品强烈的视觉冲击力：贝母、仿水晶、金属漆等极具光感、质感的包装材料，结合极繁的装饰风格，使产品宛如精美的主题玩具。在打开产品的外壳时还会惊喜地发现，美妆粉饼上精心地压上了细致的浮雕。例如，小天使系列产品融合了巴洛克时期迷人的彩窗风格，大面积精致的金属建筑装饰纹样，搭配耀眼夺目的镭射花窗，还有宛若教堂中小天使雕塑的形象，带来浪漫的欧式少女幻想。

花知晓产品与
上妆效果

　　这种独特的"少女心"风格不仅在国内市场大获成功，在国际平台，如 Instagram 上也产生了巨大的影响力，这也证实了花知晓这一品牌策略的成功。通过对东方少女文化美学的深刻理解，花知晓展现了中国美妆品牌在全球化市场中的不凡竞争力。

SHUSHU/TONG 女装

　　近年来，随着芭蕾美学的流行，少女系穿衣风格已成为时尚界一股不可阻挡的潮流。在这种趋势下，成立于2015年的 SHUSHU/TONG 作为中国的代表性品牌，其时尚风格是浪漫与娇嫩的"少女风"的典范。正如英国民间童谣所唱的，"女孩子是由砂糖、香辛料和所有美好东西组成的"，SHUSHU/TONG 每季的作品总是少不了洋装和满满的少女浪漫元素，这些元素重新定义了现代女性的气质，并模糊了少女与女性之间的界限。蝴蝶结、绑带、格纹、纱裙是品牌的标志性设计元素，荷叶边、泡泡袖、蕾丝、碎花等元素被广泛运用。品牌还会适当夸大个别元素特征，使每件作品都洋溢着浪漫氛围，如梦似幻。

SHUSHU/TONG 系列服装

SHUSHU/TONG
系列服装

品牌通过与 Charles Keith、雅诗兰黛等品牌的联名，将这种浪漫的少女风推向了更广泛的市场。在 SHUSHU/TONG 与亚瑟士（Asics）的联名作品中，一款黑色荷叶边运动鞋被放置在一个白色蛋糕上，一支粉色的生日蜡烛插在鞋中，蛋糕被缤纷的甜品包围着，营造出一种甜美的欧式构图。在该宣传照中，运动鞋脱离了日常使用场景中的脏污感，变成了一个精美的奶油装饰，象征着少女的特质：纯洁、天真、不切实际的幻想。

8. 元宇宙

随着数字技术的发展，元宇宙女性形象代表了线上与线下融合的新时代风貌。这类女性敢于尝试并引领时尚潮流，她们的装扮常常包含之前只在虚拟世界中才能见到的鲜明色彩、独特配饰和前卫的设计，这种风格营造出强烈的未来感和先锋探索的视觉效果。在她们身上，我们可以看到人类对未来世界的好奇心和探索欲，以及对新技术、新趋势的敏锐洞察和大胆尝试。她们不仅是时尚的引领者，更是在不断变化的数字时代中寻找和定义自我的代表。

万花镜（Kaleidos）

在人工智能（AI）、虚拟现实（VR）、延展现实（XR）等尖端技术驱动的今天，美妆行业也开始探索未来新的目标消费市场。特别是在中国，"Z世代"的年轻消费群体正积极寻求更加个性化的自我表达方式。他们对于新奇、前卫的美妆风格充满渴望，愿意尝试那些夸张的创意妆容。

万花镜美妆产品与上妆效果

电子游戏和虚拟现实世界中呈现的角色和环境，常常充满了鲜明的未来主义美学意味。这些虚拟世界中的形象和场景，以其超凡脱俗和充满想象力的特质，激发了年轻一代探索未来妆容的热情。

万花镜自2017年在中国上海成立以来，便以其独特的色彩理念和产品设计在化妆品市场中脱颖而出。该品牌不仅将化妆作为自我表达手段，更将个性、真实和古怪作为其品牌基因的核心，力图通过化妆品为消费者创造自由表达的广阔空间。

在万花镜推出的系列产品中，可以看到先锋、光怪陆离的包装设计，这些包装往往融合了炫彩和晕染元素，极具视觉冲击力。其产品线的多元化特征明显，既有绝伦的柔雾亚光唇霜，也有炫目的金属闪光眼影。而且，这些产品在色彩上毫不妥协，呈现出鲜艳、大胆且极致饱和的色调，没有中规中矩的形象，一切都是浓郁的情绪和个性表达。

在品牌的热销产品中，灵光眼线胶笔无疑是品牌最满意的产品之一，更是品牌创新精神的浓缩体现。在万花镜"创造之夜"系列中，这款眼线胶笔采用了创新科技的薄膜状无底色变色龙原料，具有鲜明的色彩和金属感色泽，使妆面能在物理层面实现多角度的折光效果，仿佛出现在未来主题电影中的新物质材料，在妆容中创造了一种醒目、迷幻的视觉效果，为消费者带来了不同凡响的妆容体验。

ANNAKIKI 服饰品牌

互联网技术和数字艺术的快速发展，为数字化时代创造了更多可能性。人们对数字商品的接受度越来越高，数字时尚作为其中的一部分，自然而然地获得了增长的动力。数字时尚不仅限于视觉展示，还包括 NFT（非同质化代币）等新兴的数字资产形式。

中国独立时尚品牌 ANNAKIKI 是第一个在其系列中以

NFT 为特色的中国品牌。ANNAKIKI 品牌创立于 2012 年，设计理念强调独特与乖张，在克制与叛逆中创造平衡的设计美学，反传统且忠于自我，不断在设计中贯穿对女性自我认知的思考。ANNAKIKI 的特色在于通过复古未来主义的设计语言，塑造出态度鲜明的群体形象。品牌的作品通常以反传统的设计语言呈现，通过夸张的解构廓形设计，不断挑战传统观念。

在以 NFT 为特色的 2022 秋冬系列米兰发布会中，ANNAKIKI 创意总监从拥有机械身体的科幻电影《阿丽塔：战斗天使》（Alita: Battle Angel）的女主角中获得灵感，以虚拟服装为表现方式，掩盖了传统物理形式的服装的界限。系列作品延续了该品牌一贯的大胆廓形，大量运用了人体细胞、生物基因、电子脉冲、电路板等灵感元素，以品牌独特的服装图案肌理融合虚拟服装特有的液态金属质感，表现出品牌对人类身份的思考。这些精彩探索的理念是"以无机的机械去强化有机的血肉之躯"，打破了传统女性的固有形象，传

ANNAKIKI第一场NFT秀，2022年米兰时装周

递出元宇宙女性自信与勇敢的个性魅力。

　　品牌将这一系列设计编码成"Metacosmos"，成为一种NFT作品，并在中国社交媒体上掀起了元宇宙时尚浪潮。多位明星和时尚博主都纷纷展示身着这一系列作品的未来主题造型，使ANNAKIKI前卫的数字时尚设计成为中国时尚界的一股独特之风，为女性赋予了更多的美学力量和可能性。

-5-

第五节
国潮

一、国潮的兴起

近年来，"国潮"一词横空出世，迅速走进企业与消费者的视野。如何理解"国潮"这一词语的内涵呢？它代表的是那些以国产品牌为载体，以优良品质为内涵，在以现代信息技术为支撑的营销下，既符合年轻消费者张扬的个性，满足他们对时尚的追求，又有助于传统文化回归而产生的一种产品与服务潮流。

可以说，公众心中的"国潮"概念诞生于 2018 年。在 2017 年，国内综艺节目《中国有嘻哈》的热播，让许多年轻消费者接触到了嘻哈文化、街头文化等美国潮流文化，"潮牌"的概念受到年轻人的追捧。2018 年初，国产运动品牌李宁在纽约时装周的走秀上，发布了一系列以"悟道"为概念的时装鞋履产品，这些产品运用中国传统苏绣的工艺技法，采用"红黄配"等中国色彩元素，并使用现代化的裁剪方式进行处理，一举打破李宁品牌过往留给消费者不够时尚的刻板印象，在中国互联网上引发了广泛关注，也让李宁成为当时国潮的代表品牌。

与此同时，传统文化的回归，以及大众对传统文化的强烈认同，也从某种程度上推动了国潮的崛起。一方面，中国经济的发展促进了国人民族意识的觉醒，人们的民族自豪感越来越强。另一方面，许多文化类综艺节目，如《中国诗词大会》《国家宝藏》《我在故宫修文物》等的热播，结合它们的周边产品，在深度和广度层面上实现了对传统文化的宣传和推广，这也在文化层面进一步推动了国潮文化的兴起。

实际上，中国消费者对国产品牌的支持和喜爱之心一直存在。在《百度 2021 国潮骄傲搜索大数据》报告中，研究机构将国潮分为三个阶段。国潮 1.0 时代，一众老字号商品率先回归大众视野，开始品牌复兴之路。此时的国潮尚处于萌芽阶段，集中于服装、食品、日用品等生活消费范畴。国潮 2.0 时代，国货经历品质升级、品牌化运营，在手机、汽车等更多高科技消费领域开花，诞生了更多国产优质商品。如今，我们已进入国潮 3.0 时代，国潮内涵再次扩大，中国品牌、中国文化，以及中国科技引领了国潮，此时的国潮不仅限于实物，也包括民族文化与科技成果。

随着"90 后""95 后"逐渐成为新一代消费主力军，这代年轻消费者对新事物的认知能力、尝新的愿望，以及对个性和自我的标榜相较于"70 后""80 后"更为强烈，而这也促使他们对某一商品的消费需求从追逐大众趋同，走向展现小众和自我。广告符号学家朱迪斯·威廉姆森（Judith Williamson）说过，人们通过他们消费的东西而被辨认。如果品牌或商品拥有时尚而独特的设计主张、个性而张扬的设计风格，能够彰显人们喜爱的文化，代表与众不同的生活态度和生活方式，那就很可能受到新一代年轻人的追捧。如今，源于对国潮产品背后传统文化价值的认同，越来越多的消费者愿意为传统文化买单，带有中国文化元素的时尚产品也日渐成为新生代消费者彰显自我个性、打造个人属性标签的一种风格。

国潮成了连接过去与现在、传统与现代的桥梁，它不仅是一种时尚潮流，更是一种文化自信的表达，展示了中国文化的广度与深度。可以预见的是，国潮在未来将不仅是时尚和消费领域的一股潮流，更是中国文化自信和创新实力的重要体现，对于中国乃至全球的文化、经济和社会发展都将产生深远的影响。

二、国潮的两个美学定义维度

从 2018 年国潮概念兴盛之始，国内就涌现了许多依据传统文化再创新的设计和品牌。国人对国潮概念的探索不断深入，国潮已经从最初对传统文化元素的简单借鉴，逐渐发展成一种更深层次的文化自觉和创新实践。这种变化不仅体现了设计形式的转变，更反映了国人对中国传统文化价值观与内涵的深刻理解和现代化表达。如今，一些优秀品牌和设计已经走向世界，在国际舞台上展现出中国人独有的文化视角和鲜明的文化自信。

通过上海交通大学设计趋势研究所对近年来市场上国潮代表品牌及产品的关注和分析，我们认为国潮主题存在两个美学定义的基本方向，即时间与民族。以下列举一些商业案例，从这两个美学定义维度，展示国潮发展无限的想象空间。

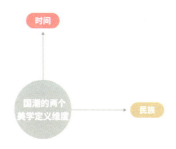

国潮的两个美学定义维度

1. 基于时间维度的美学定义

在时间这一维度上，品牌可以通过对中国不同历史时期文化特征的研究，挖掘各个朝代独有的美学元素和生活哲学，并将这些时代的艺术风格和价值观融入现代设计中。这种设计思路不仅能赋予品牌和产品跨时代的审美价值，也能使消费者通过这些产品感受到中国历史的厚重和文化的连续性。从汉唐的大气磅礴，到宋朝的清新脱俗，再到明清的端庄典雅，每一个历史时期都为国潮设计提供了丰富的灵感和表达空间。

青出江南：失落的青铜文明

青出江南是创立于 2022 年的工艺瓷器品牌，该品牌认为，好的设计基础是识别与传递，它们希望用器物诉说千年流转的青瓷文化与东方美学的静谧雅致。在每一件作品中，品牌都巧妙地从古代文物中提取中国传统纹饰，将这些充满历史气息的元素与现代瓷器设计结合，打造出古典与现代交融的艺术佳品。

青铜，这种由纯铜与锡或铅合金制成的材料，因长期埋藏在地下而形成了独特的青灰色泽，这使得青铜器自古以来就是祭祀和礼仪中的吉祥象征。夏商周时期是青铜器发展的顶峰时期，在中国西南地区发现的三星堆文化遗址被誉为"长江文明之源"，其中出土了丰富的青铜器文物。对于三星堆器物的考古工作至今仍在继续，这些青铜器携带着无数未解之谜，引人遐想。同时，青铜纹饰由于庄严肃穆的独特艺术风格，在文创市场中大受好评。

青出江南签约设计师陈晓东以三星堆青铜器为灵感设计了一系列茶具茗杯——"失落的青铜文明"。设计师将这种5000年前神秘的三星堆纹饰融入龙泉青瓷中。该系列作品中的纹样都是对古代智慧的崇敬和传承，每一件作品都将古代文化的深邃内涵与现代的精湛技艺结合，使"尊古"文化以消费品的形式在现代社会延续。例如，在系列作品龙纹扳指杯中，品牌通过应用象征秩序与肃穆的古纹样，呈现出一种独特、超越时空的中国古典艺术魅力。

青出江南"失落的青铜文明"系列茶具茗杯

路易·威登（Louis Vuitton）Monogram 图纹

1896 年，乔治·威登（Georges Vuitton）设计出标志性的 Monogram（字母组合）图纹，这一设计由四叶花卉、四角星、菱形内嵌四角星以及 LV 标志组成，也就是俗称的"LV 老花图案"。1905 年，这个图案被品牌正式注册，沿用至今，发展成全产品线的设计元素，成为品牌的经典象征。品牌方面曾正式声明，Monogram 图纹的灵感部分源自日本的"家纹"。然而，在藏于日本正仓院唐代紫檀画槽五弦琵琶中，不难发现日本的"家纹"与该琵琶的图纹有极大的相似之处。溯源历史，这把琵琶最初为唐玄宗与杨贵妃御赐给日本天皇的礼物，琵琶上的图纹，正是中国传统吉祥纹样——宝相花。

宝相花是中国传统纹样，也是中国吉祥三宝之一，盛行于隋唐时期。在宝相花琵琶中，十字花纹样通过基本图案的重复，表现出花朵含苞待放、半开和盛开三个不同阶段，展现出中国人对自然变迁规律的深入观察和对自然形式的高度提炼。即便以现代化的眼光来审视宝相花纹样，也会为其优雅、凝练、简洁的艺术之美所动容。

近年来，随着国潮文化的兴盛和文化自信的增强，中国消费者开始更加深入地探索传统文化。在这种深入的探索中，许多人惊讶地发现，许多国际知名品牌的设计元素实际上根植于中国传统文化，而这些元素却长期被误认为是外国文化的产物。自从 2022 年迪奥"马面裙"事件在社交媒体上引发热议后，中国消费者对中国传统文化在国际舞台上的正名和认知有了更加强烈的重视。众多博主和文化研究者通过深入考证，揭示了 LV Monogram 图纹与唐代宝相花纹样之间的深刻联系，并纷纷以自己的力量在网络上科普和宣扬传统文化与现代奢侈品设计的渊源，以此呼吁国内外消费者增强对中国传统文化的了解和尊重。他们的这一行为促进了一场中国文化的觉醒与倡导运动，在互联网上引发了广泛的关注与讨论。

左：路易威登
COLOR BLOSSOM
18K金贝壳耳钉
右：唐代紫檀画
槽五弦琵琶纹样

PRONOUNCE

青花瓷是中国瓷器的主流品种之一，自唐宋初见雏形，至元代景德镇湖田窑日臻成熟，明代达至鼎盛。青花瓷采用含氧化钴的钴矿为原料，在陶瓷坯体上描绘纹饰。钴料在高温烧成后呈独特的鲜艳蓝色，成为清秀素雅的瓷器装饰。

PRONOUNCE 是中国新生代设计师于 2016 年创立的先锋设计师男装品牌。在其 2021 年秋冬系列时装 "Fragments 瓷" 中，PRONOUNCE 从江西景德镇的中国瓷文化中汲取灵感，探索了传统陶艺的创作、破坏和再创作过程。设计师将瓷器制作的每一个步骤都视为一段生命旅程，从而讲述了一段关于成长与独立的故事。在古代，同一批次烧制的陶瓷中只有最出类拔萃的作品才会被保留下来，其余都会在落选后被打碎并掩埋入土，这些碎片在千年后被人陆续发现，才让人们得以了解一件至臻完美的作品之所以诞生，要经历多少耗尽心血的锤炼。而现代文物修复者也发扬了专注、细腻、极致的工艺精神，让古代的精品瓷器作品重现荣光，展现于世人的面前。这种精益求精的工匠精神，正是PRONOUNCE想要弘扬和赞颂的传统文化。

PRONOUNCE的"Fragments瓷"系列作品巧妙地将传统的三彩釉陶艺术与现代设计元素结合，通过几何图案刺绣、线条画和丝印碎裂元素，重新诠释了传统瓷器的艺术特色。相应地，部分作品的面料中也采用了粗颗粒质感的厚帆布与具有陶瓷泥土神韵的羊毛混纺提花面料。PRONOUNCE的服饰中也加入了类似文物修补的视觉元素，"虽有时脆弱易为碎片，可也保有恢复完整的信心。不做最好，只做最独特"。这一系列产品展现了中国青花瓷背后的匠艺精神，品牌完美融合了中国瓷文化的丰富内涵与现代时装设计，将璀璨而富有韵味的中国时尚深入地传达给世界。

PRONOUNCE
2021年秋冬系列
服装

吉祥红绫扶手椅

圈椅是明代家具中的经典之作，也是中华民族独具特色的椅子样式之一，它的设计灵感源自古代宇宙观，寓意着"天圆地方"。圈椅造型简洁流畅、圆婉优美，坐靠时，人的臂膀倚着圈形的扶手，舒适放松，颇受人们喜爱。即使在今天家具厂商已经研制出许多符合人体工程学的现代座椅，圈椅凭借其经典、优雅的传统造型和悠久的历史文化象征，依旧是不少中国家庭的首选。

广东省佛山市一带是中国家具工厂及门店的聚集地，佛山家具厂以品牌仿制家具而闻名。然而，随着中国由制造大国转型为制造强国，许多佛山家具工厂也开始了转型之路。如何推出原创设计产品、打造中国品牌，成为这类企业开始深入思考的问题。基于该目的，不少佛山家具厂开始更多地投入自主研发设计，与独立的设计师合作，打造自己原创的设计作品。其中，吉祥红绫扶手椅就是一个典型作品。这件作品由佛山家具制造商伊甸嘉园推出，这家制造商原本以意式家具为主要经营领域，在逐渐吸收了意式家具的设计风格后，厂家开始尝试与设计师合作，自主研发带有国风元素的高端家具。在中国年轻设计师东方视角的重构下，吉祥红绫扶手椅的上半部分延续了中国明代圈椅经典的圈背扶手和靠背造型，椅子的下半部分致敬了设计大师密斯·凡·德·罗（Mies van der Rohe）的经典作品"巴塞罗那椅"的腿部设计。吉祥红绫扶手椅仅在人体时常触碰的部分保留了圈椅实木材质的弧形扶手，椅身的其余部分使用了坚固、耐久的金属铁艺框架，搭配优雅的交叉式椅腿和舒适的坐垫设计，因此，这把椅子在具有鲜明的中式风韵的同时，又保持了良好的人体工学机能和实用性，使坐椅者能长时间舒适地坐在其上。从侧面 45 度观察，吉祥红绫扶手椅的椅腿呈现出一个富有美好寓意的汉字"双"，格纹的墨绿色坐垫如同青青草甸，椅身仿佛飘逸张扬的红绫，展现了国风具有的优雅韵味。

吉祥红绫扶手椅

这是一次绝妙的中西方美学碰撞，该作品融合了中西方经典的家具设计元素，在保持灵动简洁的现代感的同时，将中国文化寓意蕴含其中，展现了新时代下中国设计师的全球化视野与审视自身文化底蕴的新鲜视角。

2. 基于民族维度的美学定义

在民族这一维度上，中国五十六个民族的多样文化是国潮取之不尽、用之不竭的素材宝库。中国的民族几乎都有独特的文化符号、传统工艺和生活方式，这些都是品牌可以挖掘和创新的宝贵资源。通过对民族文化的深入了解和创新性融合，国潮不仅能够展现中国文化的多元性，也能够推动民族文化的传承和发展。无论是融合苗族的银饰工艺，还是借鉴藏族的色彩运用等，国潮都在不断探索如何在尊重传统的基础上进行创新性设计。

CUNZU 声东集西

CUNZU 声东集西是 2021 年由一群中法年轻专业人士共同创立的时尚首饰品牌。品牌植根于中国西南地区苗族的工艺，致力于保护中国少数民族的文化遗产，旨在通过与当地工匠的紧密合作，将传统技艺与现代设计完美融合，创造出既具有时代感又独一无二的手工精品。

苗族是一个古老的民族，主要分布于中国的黔、湘、鄂等省区，在老挝、越南、泰国等国家和地区也有苗族聚居地。苗族的先祖可追溯到原始社会中原地区的蚩尤。苗族的银饰历史悠久，他们独特的图腾崇拜体现在每一件银饰的设计之中，工匠精湛的手工技艺，将白银转化为一件件充满故事的艺术品。

该品牌的灵感皆来自这种民族智慧。品牌直接与中国当地的苗族工匠合作，结合传统和现代技术，创造出独一无二的手工作品，以保护和复兴濒临消失的苗族工艺。品牌的每一件作品都是对当代设计和多元艺术形式融合的尝试，它们

CUNZU 声东集西 Flamme Dansante 淡水珍珠掐丝项圈

精致细腻，展现了超凡脱俗的民族工艺美学。在品牌 2022 年春夏系列中，手工制作的花丝巧妙地捕捉了跳舞火焰的灵动之美，延续了火在苗族庆祝文化中的重要象征意义，将"服短衫，系双带结于背，胸前刺绣一方，银钱饰之"的东方民族美学，以一种全新的视角呈现给现代都市的消费者。

更为重要的是，CUNZU 声东集西也是一个中国和法国公平贸易和文化交流的平台，通过展示中国西南部少数民族的传统手工艺和音乐文化，强化了地方与全球视角之间的连接。品牌通过一系列带有原创配乐的创意纪录片，记录并传播这一地区逐渐消失的民族生活方式。同时，CUNZU 声东集西还通过参与欧洲和国内的时尚艺术展览及文化活动，致力于保护传统的苗族银饰工艺，为当地工匠社区开辟通向更广阔世界的道路，这不仅是对古老工艺的致敬，更是对民族可持续发展的探索和承诺，展现了一种深刻的文化自觉和时代责任感。

蟁鸗 WENLEI

蟁（wén）鸗（léi）品牌成立于 2022 年，品牌的初衷是探索千年文化，为非物质文化遗产注入新鲜血液。蟁鸗品牌服装致力于将多样化的新元素与传统文化深度结合，探索少数民族文化多样性在现代服装设计中的无限可能。

彝族是中国的第六大少数民族，分布在我国的西南、高原与东南沿海丘陵之间，其地貌主要为高山与深谷，地形和气候条件复杂。彝族文化中深植着对自然、图腾及祖先的崇拜。彝族女性的特色礼服拥有宽长的衣襟、绣满各色花纹的衣袖和胸襟，以及镶有细银泡的衣领，这些都是彝族文化中尊崇自然与神灵的生动展现。

品牌的彝 Yi 系列，基于彝族传统文化，以其独特的中英文命名方式，呼应了设计师将东西方元素融合的创新设计理念。在该系列作品中，设计师将家乡的山川鸟兽意象，融合中国水墨画意蕴，结合"非遗"工艺和现代技术，在服装中描绘了中华大自然的秀丽图景。雪中鹤的彝绣礼服便是这种融合的杰出代表，这款礼服应用了银泡绣和盘线绣两种"非遗"工艺，表现出彝族文化中古朴雅致的美学特质。同时，现代数码打印制作的黑白色渐变百褶袖，生动地刻画出了仙鹤的鸟羽姿态，传递出少数民族"万物有灵"的深层信仰，既神秘又珍贵。

左：螺蠶彝族"非遗"服饰登上AIGC Today杂志2023年9月刊
右：螺蠶彝族礼裙登上MALVIE杂志2023年12月刊

品牌通过现代及未来的廓形来发扬古老工艺，为千年中华文明注入了新的时尚血液。它的每一件作品都带着"非物质文化遗产的美丽，不仅应该在博物馆中展示，而且应该融入并适应现代的快节奏"的理念，有力支撑着中华民族的文化复兴。

02

第二篇

产品美学
的
定义

THE DEFINITION OF
PRODUCT AESTHETICS

Chapter Five

第五章
产品美学现代化发展趋势

-1-

第一节
产品美学的现代化

　　我们正身处于一场产品设计美学领域的划时代变革之中，这场变革的意义远远超出了单纯的风格改变或演进，从根本上重新塑造了我们对美的认知和追求。

　　第一消费时代是"从无到有"的时代，产品主要被视为实用工具，其核心是功能性和实用性，而美学通常被视为次要的、附加的元素。在第二消费时代，社会审美观念有了巨大的提升，现代设计朝着功能与美学的和谐统一方向发展。设计师不仅要关注产品的实用价值，更要注重如何通过设计引发情感共鸣，以及如何通过设计语言与用户建立无形的情感联系。如今，我们进入了第三消费时代，即差异化消费时代，这是一个为不同消费者提供定制化和个性化产品的时代。这种转变不仅体现在功能实用性与差异化情感需求的表达上，如果我们深入观察，会发现在审美的表达方式上，从具象化到抽象化的演化尤为明显。在进入电子化时代之后，审美定义更是产生了根本性的变化。过去，产品的造型和装饰元素多从具象的自然中获取灵感，而今日的设计趋势则更多采用简化的线条和形式，利用抽象的表达来唤起用户的情感和联想。这种设计理念的转变，使产品不再只是完成功能的实体，而是沟通感情、传达故事的载体，同时响应了现代生活中对速度和即时满足的需求。

审美定义的变迁进程可以追溯到19世纪末期的工艺美术运动，该运动以其对手工艺和自然材料的偏爱，为美学实践注入了温度和质感。20世纪初，随着立体主义的兴起，设计师开始跨越具象的界限，探索更为抽象和具有装饰性的表达方式。进入现代主义设计时代，"少即是多"的理念凸显了简洁性和功能性，映射了对效率和经济形式的追求。伴随着电子化时代的到来，为满足快速阅读的效率需求，产品的美学定义也出现了新的范式和要求，进入了寻找新的设计意义的时代。

今天，设计已经不只是关于造型的巧思，而变成了一种讲述故事和传达情感的方式。设计师目前的挑战在于，他们不仅要打造实用的好东西，还要在这个全球化和信息通信技术不断发展的世界里，找到那种能触动人心的"魔法"，打动消费者。这就像在产品功能与消费者情感之间架起一座桥梁，企业不仅要让自己生产的产品好用，还要让人们感觉到愉悦和温暖。每一个产品都在讲述品牌与产品本身的小故事，进而丰富人们的物质生活。

-2-

第二节
从具象审美到抽象审美的演变

　　艺术历史的演进反映了各个时代的文化和技术变化，还体现了审美观念的不断演化。艺术家和设计师在这一过程中的探索不仅局限于简单的风格变化，也对材料、技术与美学原则间的相互作用进行了深刻的思考。这种思考推动了审美原则的演进，特别是从具象艺术到抽象艺术的逐渐过渡。接下来，我们将深入探讨从工艺美术时期、立体主义直至现代主义的发展，从而展现审美观念从具象到抽象的深刻转变过程。

　　工艺美术运动起源于 19 世纪下半叶的英国，随后影响到整个欧洲和北美。这一时期的设计和制作强调手工艺的价值和对工业革命中大规模生产方式的反思以及对自然美的追求。

　　在工艺美术时期，艺术和设计的焦点集中在对手工技艺和天然材料的使用和留存上，工艺界首次提出了"美与技术结合"的原则。设计师和艺术家偏好使用传统的材料，如木材、玻璃和金属，强调"师承自然"、忠实于材料且适应使用的目的。工艺美术运动对设计发展最大的贡献在于发现了机械产品的丑陋。在产品设计生产方面，工艺美术运动反对大量采用矫揉造作的维多利亚风格和各种古典复古主义风格装饰纹样，力图探索出一条新的设计道路，以解决机械生产中技术与艺术分离的问题，这也是现代工业设计要解决的问题，因而学术界称工艺美术运动为"工业设计的萌芽"。

与此同时，这个时期的设计广泛采用自然主题，将自然元素的具象表现融入设计中，从大自然以及其他文明中借鉴和提炼装饰构思，在产品设计上追求外形简洁、材料坚实、轮廓分明，常采用非对称手法，强调了美学在日常生活中的点滴渗透。工艺美术运动的倡导者相信，艺术应当成为环境的一部分，而非孤立地存在于画框之中。

威廉·莫里斯（William Morris）是工艺美术运动的杰出代表，他以对自然和传统工艺的深厚敬意而闻名。他的设计作品巧妙融合了哥特式的严谨和自然主义的细腻，不仅实用、美观，还展示了鲜明的个性。莫里斯一生对纺织品和壁纸设计充满热情，坚定地反对维多利亚时期过度装饰的风格和巴洛克、洛可可等古典风格的复杂烦琐。在莫里斯的设计语言中，自然元素是核心，每件作品都以植物形态为基础，巧妙地吸收东方艺术的精髓。他善于运用卷曲的草叶、绚烂的花朵、灵动的鸟类等自然元素，并采用生动的自然主义风格进行创作。

威廉·莫里斯及威廉·莫里斯面料作品

威廉·莫里斯面料作品（样品）

　　莫里斯在二维平面设计中表现出了非凡的才华。他擅长利用色彩的深浅对比，在二维平面中描绘出三维空间的深度和立体感。他的墙纸和纺织品设计中经常出现错综复杂的花园栏杆、层叠交错的植物茎叶，以及在植被丛中若隐若现的小动物……莫里斯的作品不仅展现了他对自然细节的敏锐观察和深刻理解，还反映了他对传统手工艺的尊重以及对创新

《森林》挂毯，威廉·莫里斯、菲利普·韦伯（Philip Webb）、约翰·亨利·迪尔（John Henry Dill）

设计的持续追求。通过这些设计，莫里斯不仅创造了美学上的享受，也为后世留下了对艺术与工艺结合的深刻启示。

立体主义又称立方主义，是20世纪初始于法国的艺术流派。进入20世纪初，一些艺术家开始进行实验性的艺术尝试，他们将物体分解为基础的几何形态，并从多角度展现，这种处理手法打破了传统透视法的限制，不仅改变了人们观察物体外观的方法，也挑战了人们对现实的感知。

享誉全球的西班牙艺术家巴勃罗·毕加索（Pablo Picasso）的画作《阿维尼翁的少女》就是这一转变的经典案例。在这幅画中，女性的身体被重新构造，面部和身体的部分被简化为锐利的几何形状，这种表现手法强调了形式上的解构，使得整个画面呈现出一种多维的视觉效果。这种探索不仅形成了一种新的艺术风格，也开辟了对现实世界新的认知方式。

立体主义在艺术领域影响深远，它强调将客观事物抽象化、几何化，以最原始的几何图形去分析和理解对象，从而展现出一种抽象化的几何美感，这种艺术风格也影响了现代建筑设计。与传统古典建筑相比，现代建筑在外形上摒弃了

《阿维尼翁的
少女》，巴勃
罗·毕加索

繁杂的装饰，取而代之的是纯粹的几何样式。现代建筑运用
空间造型的语言，展现建筑的美感和功能。

　　勒·柯布西耶（Le Corbusier）作为 20 世纪最具影响力
的现代主义建筑设计师，其建筑思想深受立体主义影响。

　　萨伏伊别墅是柯布西耶的代表作之一，它全面展现了现
代建筑的几何形体美感。别墅采用钢筋混凝土结构，宽敞的
玻璃窗使光线充分射入室内。建筑表面使用简单的几何形体
和平整的白色外墙，看似简单却蕴含着纯粹的造型美感。横
向较长的窗户设计是为了保证足够的光线射入，这是建筑设
计的必要条件。

萨伏伊别墅，勒·柯布西耶

　　萨伏伊别墅的建筑设计构图灵活、平衡且非对称，妥善突出了表现手法简练的特点。在建筑设计中，柯布西耶汲取了当时的最新科研成果，用新的技术特性彰显了建筑几何空间的本质，展现了几何形体的美，他的室内设计观念直至今日，仍然影响和启迪着无数设计师。

　　随着第一次到第三次工业革命的深入发展，生产效率和成本效益成了制造业的主要考虑因素，这导致商品的审美标准逐渐转向了简约和标准化的设计。这种简约的美学趋势在形式上表现为干净、无装饰的线条，而在设计理念上则体现为对经济性和实用性的追求。随着照相技术的诞生，绘画与设计不再热衷于对现实世界的描摹，而倾向于表现设计者的审美和看待世界的观点。现代主义改变了人们的传统审美观，在一定程度上促进了工业产品和建筑技术的飞速发展。几何形体的运用和空间交错的形式美感也满足了人们生活的趣味性和功能性需求。

-3-

第三节
寻找电子化时代的审美意义

20 世纪 80 年代，我们跨入了电子化时代，设计的重心从有形的物理产品转移到了无形的数字界面。这一变化超越了简单的形式调整，触及了更深层次的审美观念重塑和设计哲学的变迁，人们开始将产品看作一种能够与人互动的触点，

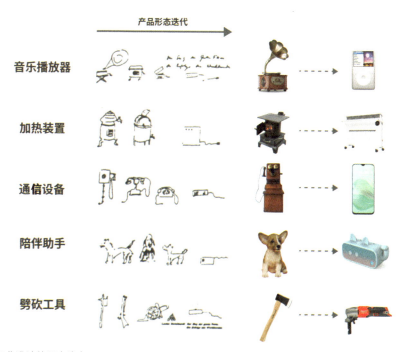

工业设计的历史演变

而非单纯在物理层面探讨产品的实体意义。

工业设计的历史演变暗示了设计与底层技术和文化背景的联系逐步减弱，并向着审美与更深层次的精神意义转变。以音乐播放器为例，在发明之初，采用锥形的喇叭和机械转盘为功能造型的留声机是家庭娱乐的中心，它不仅是一种播放音乐的工具，也是一种装饰品，体现了家庭的品位和社会地位。随后，随着磁带的出现，录音机成为播放音乐的新选择，便携性和易用性使它迅速普及。索尼和苹果等公司进一步推动了音乐技术的革新，从音频盒式磁带到 CD 机的发展，再到电子播放器 iPod 的推出，这些设备变得更加灵巧便携，人们无论行走至何方，都能带一个小小的设备，让音乐陪伴自己的旅途。如今的音乐播放器已经无须基于一个专用的物理介质储存和播放音乐了，音乐设备以软件形式和通信设备融为一体，通过界面的互动，人们可以欣赏音乐，并分享自己的感受。音响设备的演变反映了设计重点的转移，这种转移不仅体现在物理形态上，更体现在产品用户体验和互动性上，这种形态的转变标志着设计重点从物理形态转向了情感交互与用户体验。

在通信设备设计的演变中，我们同样可以看到审美观念如何从具象转向抽象。电话最初的设计着重于满足功能，如老式电话机机身的曲线和听筒的形状设计。而后，随着电话机的进一步发展，不少台式电话机的造型开始简化，听筒、话筒和拨号按键集为一体，体积减小了，更加便于移动使用。而现代的智能手机则是抽象审美的产物，其造型实际上已经高度同质化，都符合以屏幕为中心，背板放置摄像模组的高度集成化思路。各厂商在大体形态确定的情况下，在比例、材质、色彩和细节造型等方面做审美的差异化设计，以触达不同的消费人群，树立不同的品牌和产品形象。智能手机将广泛多样的功能以软件的形式融进设备之中，用户使用软件时的良好体验成为各功能服务商重点追求的目标。这种演变不仅是技术进步的结果，更是对电子化时代审美的回应。

这种审美变迁甚至渗透进了陪伴和辅助人类的动物身上。随着技术的发展，市场上也出现了各种类型的动物拟形化产品。从最初模仿动物形态的电子机器狗，到以音响形态为主的智能助手设备，人们从一开始青睐模仿自然形态设计的产品，到之后能够顺利地接受那些造型更抽象、更简约，能够快速达成功能目的性的产品设计，这种造型变迁的趋势不仅展示了设计从自然拟态到强调功能效率的进程，也体现了人们审美取向的变化。

在电子化时代审美的演变过程中，我们见证了产品设计的根本转变。随着功能性和效率的优先级日益提升，产品开始减少与功能无关的设计，趋向于简化操作流程、提升用户体验，以迎合消费者每时每刻对即时互动的需求。然而，这也不可避免地导致了产品设计的同质化现象，使不同种类的产品在造型设计上越来越难以区分。在这样的时代背景下，产品审美定义面临着新的挑战：当产品失去增加装饰元素和设计多样造型的空间，而仅仅聚焦于功能性，并逐渐走向统一的形态和操作逻辑时，我们如何理解审美的价值？审美的角色和意义又是什么？这一问题促使我们深入思考，在功能和效率至上的时代，如何通过设计表达个性和文化特征，以丰富我们的生活体验，增强审美的多样性。这种反思不仅关乎产品的外观设计，更关乎如何在快速变化的技术背景中，保持产品设计深层次的人文关怀和文化意义。

De'Longhi（德龙）这个意大利品牌在全球咖啡机市场上以卓越的设计和出色的性能赢得了广泛赞誉。De'Longhi 的咖啡机不仅是简单的饮品制作工具，而且蕴含了"风格与性能"相融合的设计哲学。在 De'Longhi 咖啡机的设计中，我们依然可以看到对形式和功能的对应关系的理解和应用，每个设计细节——从咖啡豆的存放位置到水箱，再到奶泡装置的布局——都有效提升了用户体验，确保操作的直观性和便利性。这种设计让用户能够毫不费力地进行各项操作，如添加咖啡豆，填充水箱和制作奶泡，每一步都简单明了。

De'Longhi
Nespresso
Lattissima Pro
浓缩咖啡机

与此同时，De'Longhi 咖啡机的设计哲学与当代电子产品趋于单一化、功能高度集成的设计趋势形成鲜明对比。在许多现代电子产品中，设计似乎更注重如何将尽可能多的功能压缩进尽可能小的空间内，这往往导致了形式与功能之间的脱节。而 De'Longhi 咖啡机的设计则恰恰相反，它的每个设计元素都有明确的目的和功能，确保了形式和功能的密切相关性，从而提高了整体的用户体验。De'Longhi 的咖啡机不仅是"风格与性能"相融合的成果，更是对当下设计环境的一种质疑和反思，它提醒我们在追求效率和功能性的同时，不应忽视产品设计中的人文关怀和审美追求，应找到功能性、效率和审美价值之间的平衡点，从而创造出既实用又能激发情感共鸣的产品，为我们的日常生活带来更多的意义和美感。

Chapter Six

第六章
产品审美的差异化因素

在本章中，我们将专注于探讨决定产品审美差异的关键因素，并分析其背后的意义。我们会特别关注如何通过品牌定位和文化特性来实现审美的差异化。这些元素不仅塑造了产品的外观设计，而且对消费者的选择偏好和品牌情感联结产生了深远影响。在市场竞争日益激烈的环境下，深刻理解这些差异化因素对企业决策者、产品开发者、设计团队和营销人员来说至关重要。

-1-

第一节
品牌差异化对产品审美的影响

　　本书第一篇详细介绍了品牌差异化的构建思路，并且依据我们的研究和项目验证，推导出了消费群体行为的普适性逻辑链条，即一个消费群体的收入模式决定了此群体的消费价值观，而他们的消费价值观又影响了这个群体的生活形态。同时，某类消费群体的共有生活形态决定了这个群体对某个产品的使用习惯和欣赏品位。至此，我们发现，用"收入模式、消费价值观、生活形态、产品使用与喜好"这个思路可以有效地细分消费者。基于这个发现，我们把品牌、品牌所推崇的差异化价值观、理想消费者，以及推荐的生活形态样式，与产品美学定义的思路进行了串联，便得到了第二章的品牌镜像模型。

　　由此看来，品牌差异化定位引领着产品审美，一个成功的产品在满足消费者对功能的需求、达成高水准的审美标准之余，还必须展现品牌的内核基因，将产品本身视为品牌与消费者沟通、接触的窗口。每一个成功销售的产品，都是品牌口碑与认知资产的一种积累，通过独特的产品造型、有记忆点的色彩、明确清晰的品牌标识等手段，满足目标消费者的功能与情感诉求，并与市场上的竞品区分开来。

　　品牌差异化定位是主导产品审美的关键性因素。产品不仅要传达品牌独特的价值观，还应促进消费者与品牌的长期关系，用独特、高品位的产品审美引领消费者的生活方式，影响其文化态度，或形成一种社会身份的象征。以品牌为中心规划产品的美学定义，能够使消费者在选择产品时，不仅考虑其功能性和实用性，还会考虑产品代表的品牌价值和文化内涵。

-2-

第二节
文化差异化对产品审美的影响

文化，集合了群体所处的地理环境、历史、政治背景、风俗习惯等因素，是渗透至人们的价值观和生活方式等方方面面的塑造性力量。同时，文化也在很大程度上影响着一类人对产品的审美偏好。

从社会发展的角度来看，不同历史时期社会文化价值观念的差异塑造了不同的设计风格和特色，这些文化因素导致了设计原则、风格、形式和评价标准的多样性。在不同文化中，某些颜色、形状或图案可能具有独特的象征意义，例如，中国文化中对红色与龙元素情有独钟。不同的文化背景也深刻影响着大众的审美风格，例如，东亚文化中传统的产品设计强调和谐与平衡，并体现在简洁、对称的造型元素上。相比之下，欧洲现代设计比较多元，但整体来说更注重传统和创新的结合，如敢于使用大胆的形式和颜色。各种文化的审美差异性不仅体现在表象之上，更深植于每个社会的群体价值观和生活方式中。

透过设计，我们能够深入了解文化背后的哲学思想，同时也能够从中窥探那些历史上的重要事件、科技与社会发展的路径，以及受各种因素影响而产生的人群的精神特质差异。

文化与设计之间的相互作用，共同塑造了多元化的审美世界。可以说，文化是设计的灵魂，而设计则是文化的生动表达。

对把控产品审美的主要负责人——设计师而言，如何在全球化的环境下，寻找全球流行元素与本土文化特色之间的平衡，是一个重要挑战。一方面，全球消费者对高质量的品牌和产品有着共同的期待，全球化产品必然要力图被全世界的消费群体广泛接纳；另一方面，忽视本土文化特色可能导致产品缺乏个性，并导致品牌和产品缺乏与消费者之间的情感连接，不利于品牌的长期发展。因此，尊重和理解本土文化，同时融合全球化趋势，对于产品设计的成功至关重要。

下文这些区域性文化都有独特的审美特征，并在全球范围内具有巨大的影响力，是全球产品美学定义绕不开的文化课题。

一、美国文化的影响

美国文化的根源可追溯至古希腊城邦文化，其政治体制深受欧洲资产阶级启蒙思想的影响。其中，作为美国文化核心要素之一的个人主义，更是美国社会发展的基石。个人主义倡导人人生而平等，个人是社会价值的中心。每个人应以实现个人目标为最终价值，并有权自由选择生活方式。同时，美国作为一个移民国家，文化呈现出多元特性，多种族和不同肤色的人群生活在一起，形成了一种"反单一主义"或"折中主义"的当代文化特色。无论是建筑、产品、平面设计还是服装，生活中的方方面面都体现了各种文化风格的混合。

这些社会文化背景深刻影响了美国的商业品牌价值观和产品设计表达。

美国科技公司苹果作为 21 世纪最具影响力的企业之一，其品牌价值观在 1997 年推出的"非同凡响"（Think Different）广告中得到了深刻体现。广告中的核心内容是："向那些疯狂的家伙致敬，他们我行我素，桀骜不驯，惹是生非，就像方孔中的圆桩，他们用不同的角度来看待事物，他们既不墨守成规，也不安于现状……只有疯狂到认为自己能够改变世界的人，才能真正地改变世界。"在这一广告中，历史上的伟大思想家和变革者，如阿尔伯特·爱因斯坦（Albert Einstein）、鲍勃·迪伦（Bob Dylan）、马丁·路德·金（Martin Luther King）等，被巧妙地转化为苹果品牌的形象大使。这不仅展示了苹果对其目标用户群体的深刻理解——那些已经成为，或想要成为敢于思考不同、勇于挑战传统的人们。同时，在品牌价值定位中也淋漓尽致地体现了美国文化对个人创造力、自由和冒险精神的高度崇尚。

苹果"非同凡响"系列广告

19世纪末和20世纪初，美国的工业技术得到了迅速发展，为全球有识之士提供了创新的土壤。在纳粹的迫害下，大量的德国文化精英漂洋过海到达美国，为美国现代艺术的发展注入了新的生机。他们带来了包豪斯的核心理念，即艺术与技术的结合、以人为本的设计，以及遵循自然与客观的基本法则。这些观点在当时极为前卫，并对第二次世界大战后的工业化发展产生了积极影响，推动了现代设计由理想主义转向现实主义。设计师追求简洁的造型和产品的功能性，形成了功能主义的设计风格。

苹果公司前首席执行官史蒂夫·乔布斯是包豪斯设计学派"为大众设计"的坚定拥护者。他认为优秀的设计不仅要有功能性，还要有简洁优雅的外观，并力求将技术与艺术完美融合。乔布斯的设计哲学可以用一句话来概括，"设计美学与用户体验至上"。苹果公司致力于让技术成为用户生活的一部分，使操作更加简便。从iMac到iPod，从iPhone到iPad，苹果的产品设计始终体现了对用户需求的深入考量。

苹果的设计风格以极简主义为核心，这一风格贯穿了苹果所有产品的外观和用户感官体验。这种设计哲学追求简约、集中于产品功能的精髓，避免了不必要的复杂性。因此，苹果产品总能给人以高雅与易用的感受。

苹果的设计方法超越了单纯的外表美感，更强调让技术无缝融入日常生活，尽量减少用户的学习成本。其创新的设计精神和几近"宗教式"的产品文化，不仅展现了对技术创新和用户需求的不断追求，也体现了对设计细节的极致完善。

二、日本文化的影响

在日本的近代工业史中，"制造"是日本工匠精神的缩影，它强调对自己产品的自豪感，综合涵盖了日本的技术实力、专业知识和实践精神。追求卓越的"造物"精神让日本走出了战后的经济泥淖，是日本制造的高品质保证，也让日本制造业稳稳立足于世界舞台之上。

第二次世界大战后，日本通过工业化进程开始追求现代化。为了促进经济复兴，日本政府派出考察团访问欧美，最终选择学习德国功能主义的设计理念。起初，日本设计基本以模仿为主，而后随着时间的推移，逐渐融合本土文化，如传统美学中的"侘寂"（Wabi-Sabi），强调不完美、简朴和自然之美。日本将外来文化与本土文化结合，形成了具有自己的独特文化风格的日本现代主义。

索尼作为日本现代设计的杰出代表，将日本精神贯穿于品牌与产品美学定义的细节之中。品牌创始人井深大（Ibuka Masaru）在起草公司创立章程时便明确了一个宏伟的愿景：给予真诚而上进的工程师以充分展示其技术才能的机会。这一愿景将技术实力与增强民族文化和维护日本手工艺精神相结合，深刻地反映了日本的制造精神。从首款大型磁带录音机到电子游戏机，索尼一直在定义着技术消费品的演进轨迹，其产品外观设计受早期日本现代主义影响，强调"形式追随功能"，以简洁的线条和优雅的形状为特征，避免过度装饰，追求视觉上的和谐与平衡，这也映衬了日本文化中"侘寂"

原则的表达。这些产品常常以黑色和银色作为主要颜色，将色彩对人的干扰降至最低，并通过高水准的造型能力表现出产品的设计魅力。

战后资源稀缺和经济萧条也使日本兴起了极简主义。日本美学中的极简主义深受佛教禅宗文化的影响，主张通过用最明晰的方式捕捉主题的本质，从而满足更深层次的情感需求。它强调简单、克制，并有意识地运用负空间的方法。负空间的理念强调，物体之间的空间与物体本身同等重要，视觉上的"虚无"带来了一种无法用言语表达的自我实现。这一设计理念认为，一切都应该有目的，并应该以符合整体流程的方式进行安排。

于 1979 年推出的 Walkman 随身听在一定程度上奠定了索尼作为便携式娱乐产品领域先驱的地位。Walkman 是索尼的便携式音频播放器品牌，在 20 世纪 80 年代非常流行，因此，Walkman 随后成了任何生产商或品牌的个人立体声音响的非官方术语。

其中，1988 年推出的 Walkman WM-701S 作为索尼随身听诞生 10 周年纪念的倒带盒式磁带播放器，代表了便携式音频技术和设计理念的巨大飞跃，同时体现了索尼对日本禅宗设计美学的精湛诠释。Walkman WM-701S 的设计通过对组件的整合，展示了禅宗美学强调的平衡与和谐统一。每个设计元素都有其独特的目的，注重功能而不做多余的装饰。Walkman WM-701S 小巧便携，即使在外出时也能舒适地握在手中，允许用户将他们的音乐体验无缝地融入日常生活中，就像禅宗强调与生活的自然流动融为一体一样。同时，产品的颜色选择和整体造型柔和而不张扬，以银灰色的金属外壳，搭配柔和的弧面造型，通过微妙的设计为用户提供低调而具有吸引力的视觉体验，符合日本极简主义在简约和低调中寻求美感的原则。

索尼Walkman
WM-701S

索尼的设计深刻地表达了宁静而有力的禅宗美学。以13世纪日本佛教曹洞宗创始人道元的话来说，"禅宗是一种动态的修行"。这位日本佛教史上最富哲理的思想家教导我们，要以"不期待、不寻求、不执着"的方式参与生活。索尼的设计就是对这种哲思的诠释，这种深深植根于日本文化的品牌特质，使索尼成为全球电子产业中独特的标杆。

三、意大利文化的影响

意大利主要由地中海的一个半岛组成，长期作为独立城邦集合体的历史塑造了意大利国民强烈的地方自豪感。意大利语里有一个词叫"Campanilismo"，直译过来就是钟楼主义，它的意思类似于民粹主义思想里认为故乡无与伦比，甚至有一叶障目式的留恋，其意就是"我不想看其他地方，不想丈量世界，因为无论如何还是我的家乡最美好"的本土感情。这个词来自意大利语的"Campanile"（钟楼），是意大利每个城镇的中心广场都会有的一个标志性的建筑。这一词语将意大利人恋家、爱家之情，和对自己文化的热爱、自豪感表达得淋漓尽致。

作为文艺复兴的发源地，意大利孕育了莱昂纳多·达·芬奇（Leonardo di ser Piero da Vinci）、米开朗琪罗（Michelangelo Buonarroti）、拉斐尔·圣齐奥（Raffaèllo Sanzio）等艺术巨匠。这些辉煌的古典艺术文化深深融入了意大利人的精神追求。他们讲究生活品质，从饮食、时尚到家居陈设，无不体现对美学的热爱。这种艺术精神同样渗透于日常生活中，如街头的雕塑、公共空间的壁画、家庭装饰中的艺术品，处处体现了意大利人对创造力和想象力的重视。

同时，意大利社会深受罗马天主教会的影响，认为一个人的荣誉是由给他人留下的印象来决定的。"Fare la bella Figura"（塑造良好形象）是意大利人遵循的生活哲学。意大利人非常重视个人尊严和社会认知，常常会提醒自己保持优雅、自信和得体的形象。在意大利，美是受人尊敬的，无论通过艺术和建筑的宏伟表现，还是通过一件西装的完美剪裁体现。这种对美和品质的追求，让意大利成为全球时尚艺术的发源地之一，仅米兰这一个城市，就拥有世界半数以上的著名时装品牌，包括奢侈品品牌。

意大利人还拥有丰富的民俗文化和传统节日。意大利人一年中几乎有三分之一的时间在欢庆节假日，这使得家庭与社交活动成为意大利国民生活的核心。意大利人家庭关系紧密，子女即使成年后也常常会选择与家人同住。在工作上，他们也倾向于构建类似家庭般的团队关系。社交对于意大利人来说非常重要，他们习惯于每天与朋友见面，在城市的广场、酒吧、电影院或迪斯科舞厅相聚。对他们来说，人生的最大乐趣就是与亲友享受休闲时光，正如意大利谚语所说，"Dolce far niente"（无所事事的甜蜜）。多样的文化精髓深植于意大利人的基因中，使得意大利的设计与制造完美融合了自信、优雅、传统与创新。

在意大利人生活中扮演重要角色的意大利汽车品牌菲亚特，自1899年创立以来就一直是意大利风格汽车制造的典范。对于意大利人来说，汽车与时尚、食品、艺术或建筑没有什么不同，它们都是意大利文化的一部分，表达了对完美、美丽、永恒的优雅和精致品质的深切热情。菲亚特汽车就是意大利文化的完美表达。"没有什么比曲线优美的意大利车更引人注目了"（Nothing catches the eye like a curvy Italian car），这句话彰显了意大利设计美学的根基，也推动着意式汽车风格在美学上不断探索和精进。菲亚特的产品还强调社交性和驾驶乐趣，它们的产品旨在提供"欢乐、愉悦、好奇心、想象力、体验"（Joy, pleasure, curiosity, imagination, experience）的意式生活感受。品牌旗下的车型以圆润流畅的线条、优雅的造型和鲜明的色彩为特色，将实用性与时尚美学完美结合。

菲亚特最成功的产品诞生于第二次世界大战之后。这一时期，欧洲经济复苏，人们对经济且实用的交通工具有大量需求。洞察到这一社会需求，菲亚特于 1957 年推出了充满活力的 Fiat 500 车型。这款车是当时世界上最小的量产民用车，被誉为"第一辆真正为城市打造的汽车"。该车型小巧的尺寸非常适合穿梭于欧洲狭窄的城市街道中，并带有令人过目不忘的前卫风格和乐趣十足的驾驶体验。很快，Fiat 500 成了意大利人享受生活、追求社交乐趣的象征。经历多年的改版换代，Fiat 500 的设计始终在保持经典造型的同时，融入现代的潮流设计元素，这让 Fiat 500 在不同的时代背景中，都能呈现出一种既时尚又特别的意式文化特征，为世界各地的街道带去欢乐的意大利风情。

还有必要讲述的一点是菲亚特革命性的品牌色彩策略。这一策略旨在通过多样化的色彩为移动交通带来活力和乐趣，进一步强调菲亚特汽车的意大利基因。菲亚特常常从意大利的海洋、建筑等自然美景与人文风光中获得启发，Fiat 500 特别版就是这样一款特别的车型。这款车采用了"彩虹浅蓝色"，官方介绍其色彩灵感来源于意大利的天空。利用特殊的油漆工艺，该车漆能够根据观察者观察点与光线环境

第二次世界大战后，Fiat 500盛行于欧洲

Fiat 500e

的差异不断变换颜色，呈现出彩虹般华丽的视觉效果，就像欣赏倒映在海面上的天空一样。每款菲亚特汽车的颜色都有一个令人回味的名称，令人不由自主地联想到意大利美丽的风景和浪漫的生活。通过挖掘本土特色，菲亚特借助色彩将意大利文化传播给全世界。

受意大利天空启发的Fiat 500特别版与意大利海岸天空美景

四、中国文化的影响

1. 安静与热爱自然

中华文明源远流长，当我们审视这个拥有丰富文化的古老国家时，不难发现，几千年的农耕文化深深地塑造了中国人的习惯和性格。即使在现代社会，农耕文化的痕迹仍然随处可见。对大自然的热爱和对安静意象的追求已融入民族文化的精神内涵中，持续影响着中国人的生活和审美。

古代中国的农业发展不仅使人们的生活稳定，还促使中华先民在东亚大地上扎根。从夏、商、周开始，中华文明就深植于农业社会的沃土之中。在这个以农耕为主的社会里，先民挑选一方沃土，依山傍水，播种五谷，建立家园，形成了稳定的社会结构。

农耕文化培养了中国人对自然的深厚感情，也让中国人产生了尊重天时、敬畏自然、强调与自然和谐共处的传统文化。中国本土道教文化也强调顺应自然规律，不可逆天道而行的基本处事原则，追求天人合一、无为而治的平和心境。公元元年前后，佛教的禅宗文化传入中国，其倡导的向内探寻终极自由和平静的思想，与中国的本土农耕文化融合发展，使追求"安静"这一价值观逐步成了一种民族性的特质。

中国人的审美也展现了对"安静"意象的独特偏爱，古代中国的艺术题材和作品多是选择能够寄托人们清旷闲适心境的自然景物进行描绘、书写。总体来说，中国传统艺术喜爱宁静、和谐、朦胧、淡泊、清远、恬美的抽象意象，而物象则偏好幽谷、荒寺、白云、月夜、寒松、远山、暮雨、寒江等。可以说，中国文化对"宁静"或"安静"题材的喜爱，远远超过世界上的其他文化。

上海交通大学设计趋势研究所在与马自达合作研究的审美测试中验证了中国消费者对安静和自然的强烈热爱。年轻

安详意象的视
觉体现

215

消费者同样表现出喜爱这些蕴含静谧价值观的表达和意象。比如，阳光穿过树影洒在草地上的画面，以及满树繁花的宁静小道，都是这种安详意境的具体体现，深受消费者的青睐。

贝聿铭设计的苏州博物馆也体现了这种宁静的审美。它借鉴了江南民居的建筑风格，简洁而典雅，与自然和谐共存，展示了一种天然的与自然亲近的感觉。这种设计不仅是视觉上的享受，更是一种心灵上的抚慰，为消费者带来内心的平静。

苏州博物馆

材质的审美研究也进一步强调了自然材料给消费者带来的舒适感。竹子、宣纸、木头等材料，由于其天然的质地和温和的色彩，能够营造出一种平和而舒适的环境，这与快节奏的现代生活形成了鲜明对比。

在设计实践方面，马自达于 2015 年推出的 CX-4 也是呼应了中国消费者这一审美情趣的优秀作品。2007 年至 2012 年，经过六年的基础研究，我们对中国目标年轻消费者进行了深入的审美测试，为马自达针对中国市场推出的 CX-4 车型提出了审美定义。与马自达全球标志性的动力和激情主题 "Zoom-Zoom"（引擎的轰鸣声）口号形成对比，

自然材料

马自达CX-4

CX-4车型在坚持马自达一贯的驾控乐趣的同时展现了高水平的静谧性。工程师在发动机舱两侧增加了软性的材料来降低发动机噪声，并在整车超过几十处区域都进行了隔音材料的填充和升级，以降低驾驶时座舱内的风噪。这些举措让CX-4车型成了当时最安静的一款马自达汽车。这一针对特定市场需求的策略调整取得了巨大的成功，马自达CX-4在中国市场获得了广泛好评，进一步证明了深刻理解消费者审美特征，对产品审美定义成功的重要性。

2. 都市奢华

随着工业化社会的快速演进，中国社会的部分文化特质已经从传统的农耕文化逐步演化，呈现出现代都市风貌的文化特征。

下图摘选自上海交通大学设计趋势研究所近期发布的趋势报告中的一个主题页，可以看到，在"东方香韵"这组趋势图中，产品彰显了中华传统文化的现代化表达，每款产品的设计都散发着浓浓的东方神韵，讲述着中国文化的故事，同时也有现代设计的精髓。比如，五朵里品牌的香水瓶身采用书法艺术，用抽象而流畅的线条回应了古典诗文中的意境，同时也契合了现代简洁的设计语言。产品的包装采用了金属的质感和色泽，增添了一份现代都市的高贵与时尚，这种材质的选择不仅传递了一种奢华感，也体现了对传统高级感的现代化诠释。在造型方面，观夏品牌的香水瓶模仿了古代石器雕琢的形态，配以细腻清透的瓶身设计，既凸显了中国传统文化中对精细与高雅的追求，又透露出一种现代都市的简约、洗练。这些瓶体的结构，既有传统建筑的对称和层次感，又不失现代设计的流线型风格与简洁性。在配色上，观夏的瓶身采用低调而深邃的颜色，如墨黑、金铜，这些颜色的运用既展现了中国文化中含蓄的一面，又表达了都市生活的优雅与奢华感。这些中国的新生代香水品牌，让中国传统文化在现代设计的语境中绽放光彩。

"上海交通大学设计趋势研究所：中国流行趋势"东方香韵主题

红旗品牌创立于 1958 年，是中国历史最悠久的豪华乘用车品牌。最初，红旗车型专供外国政要和政府高级官员使用，是一种顶级奢侈的象征。红旗以其追求卓越的品质和独特的历史地位，荣获"国家品牌"之誉，被称为"国车"，成为中华民族尊严的象征。基于其豪华的品牌定位和尊贵的使用场景，红旗品牌在整体设计和车型构造上，追求的是"大、平、正、方"的设计表达，彰显了庄重肃穆的氛围。

红旗品牌通过运用各种中国传统元素来表现中国汽车的尊贵感。首先，整体设计体现了深厚的文化积淀，车前格栅采用中国传统的扇子造型，形成宽大的"直瀑式"中网阵列，如同层层展开的古典扇叶，富有东方韵味。同时，密集的格栅一如中式宫殿中恢宏而整齐的楼宇，带来了一种宏大而令人难忘的威严感。其次，汽车尾灯参考了古代宫廷中的大红宫灯，寓意着文化的传承和繁荣，如同历史的灯塔，照亮了红旗品牌的过去、现在和未来，呈现出沉淀的文化内涵。最后，车头引擎盖上的立标，是最深入人心的红旗品牌的象征符号，如同一面迎风飘扬的旗帜，奋进的红旗精神成为现代中国国家自信和民族自豪的重要象征。这些元素的使用在表现中国传统风格的同时，又遵循了工业设计的原则，将中式恢宏的豪华感完美呈现，深刻地传达了品牌对中国文化的珍视。

第二十届上海国际汽车工业展览会（2023）上发布的第二代红旗L5

面对时代的更替，红旗依然保持着对中国传统文化的传承，同时积极融入创新科技和制造工艺，不断在新时代背景下，打造具有新时代中国特色的豪华汽车。最新的红旗L5车型更是在设计细节上展现了红旗对中国文化精髓的敬重。车辆的前后门四个内侧把手各镶嵌一块玉石，其上精心缀饰的云龙纹为车辆注入了艺术氛围，也彰显了乘车人的尊贵身份与崇高美德，表达了更深层次的文化寓意，恰如古训所言："古之君子必佩玉。"

产品美学在设计领域中的重要性和影响力正在不断增长，美学的加入使产品设计的每一环节都需要考虑形式的和谐与统一。产品已不再是单纯的实现功能的媒介，而是致力在形式、功能、结构和用户体验上为消费者营造一致性与完整性。产品美学的目标是在产品的每一个细节上营造美感，无论视觉的吸引还是触觉的感受，都能为用户带来全面的愉悦体验。

左：最新L5车型中车内把手镶嵌精致的云龙纹鹅卵石
右：红旗全新豪华旗舰轿车H9

Chapter Seven

第七章
产品美学定义的驱动因素

当我们深入探讨产品美学在设计领域的角色时，品牌定位、明星设计师、消费者因素都对塑造一个优秀的产品至关重要。品牌定位不仅是企业战略的核心，也是设计方向的指南针。明星设计师则不仅是创新和独特的设计理念的代名词，也是推动设计趋势的关键力量。而消费者需求在塑造产品美学中占据了核心位置，随着市场的变化和消费者偏好的演变，设计师需要不断调整他们的设计理念以满足市场需求。在接下来的讨论中，我们将逐步深入探讨，如何在这三个方面定义产品美学。

-1-

第一节
品牌定位驱动

　　品牌定位在产品美学定义中发挥着决定性的作用。一个明确的品牌形象不仅为产品设定了视觉语言和审美准则，也为设计师提供了创作符合品牌价值的产品的指导原则。品牌不只是产品的身份象征，亦是质量与价值的承诺。设计师的任务是确保产品设计与品牌形象的一致性，并巧妙地将品牌理念融入设计之中，强化消费者对品牌形象价值的认可。

一、观夏

　　在繁多的香氛品牌中，观夏以其独特的"东方香"标识铸就了深刻的文化印记，让其产品在市场上独树一帜。观夏品牌的核心理念不仅体现在精心调制的香氛上，更深入渗透到每个产品的命名、包装设计，乃至每一篇营销文案和整个品牌叙事的架构中。例如，"颐和金桂"和"西溪桃花"等香薰产品的名称，就像是一把钥匙，开启了通往中国文化传统和情感记忆的大门，将产品的意义提升到了一个全新的文化艺术层面。

　　观夏借助精心策划的内容营销和生动的故事叙述，不仅加强了消费者与产品之间的情感联系，而且在设计层面注入

观夏东方精粹系
列香水

了一种无法抗拒的审美魅力。品牌将家居香氛作为其策略的
核心，追求的不仅是给空间带来愉悦的香气，更是营造一种
适合沉思与享受的精神体验，增添生活的质感与仪式感。这
正是观夏倡导的生活美学的真谛。

　　在产品设计方面，观夏的创新彰显了其对美学的深刻洞
察和追求。从汲取古代中国"炉煮焚香"传统的香薰炉设计，
到选择景德镇手工烧制的香薰蜡杯，每一件产品都是传统文
化精华与现代设计风格的完美结合，每个细节都散发着东方
美学的韵味。

　　在观夏品牌旗下，每款产品都不只是一个物件，更是东
方智慧与现代生活方式的艺术交会之作，是对文化自信和生
活品质追求的展示。品牌不仅为消费者提供了具备功能性的
生活用品，更打开了一个深入探索文化与美学的窗口，将使
用过程转变为一场丰富的文化体验和美学享受。观夏对美学
的独到理解和定义，使其在品牌差异化的道路上走得更为坚
定和清晰。

二、芬迪（FENDI）

意大利奢侈品牌芬迪成功创立的品牌识别系统是一个经典案例，它展示了如何将品牌标识与设计语言完美融合，并取得显著成效。对芬迪而言，品牌识别系统不仅是公司的核心视觉要素，更是品牌价值观的深层次的体现和美学理念的具体实践和传播。

从初期的小松鼠标识到著名的"双F"图案，芬迪的标识在不断地塑造其品牌形象的同时，也引领了其产品设计的美学方向。小松鼠的图案传递了芬迪家族初期温馨亲切的企业形象，反映了创始人对家族的深情以及对手工艺传统的尊重。这一形象不仅出现在品牌的购物袋上，随着时间的推移，它也逐渐成了产品设计的一个核心元素，它在细节之处的反复运用逐渐在消费者心中建立起芬迪的独特形象。

随着品牌的日渐成熟，1965年，芬迪家族聘用当时的新锐设计师卡尔·拉格斐（Karl Lagerfeld）为品牌设计女装和品牌标识，于是，表达"Fun Fur"（趣味皮草）的"双F"标识诞生，并从此成为代表芬迪奢华与创新精神的标志性印

印有"双F"图案的芬迪羊绒围巾

花图案。这一标识被巧妙融入品牌的各条产品线中，从奢华皮草、精致配饰到皮具和时尚服饰，它不仅增强了品牌的辨识度，也深化了消费者对芬迪品牌的认知和记忆。

除了标识，在1933年，一种新的颜色被添加到芬迪的识别系统中：介于稻草色和毛茛色之间的温暖阳光黄色。受到一种被称为"Pergamena"（意大利语，羊皮纸）的天然黄色皮革材料的启发，这种颜色在20世纪30年代广泛应用于芬迪的皮具中，成为品牌的象征。标志性的罗马黄色代表了品牌俏皮而充满活力的精神。

此后，从手袋到香水，罗马黄色被广泛应用在品牌的所有设计标识中，成为永恒的经典元素。最近，在芬迪2024年春夏女装秀场中，艺术总监以"罗马漫步"（A Walk Through Rome）为主题，将品牌标识性的鲜艳黄色作为秀场主色调之一，凸显了芬迪与罗马发源地的深厚联结，也为该系列注入了欢乐和生机，仿佛灿烂的罗马落日，展现出休闲而奢华的芬迪精神。

1983年，当时的创意总监卡尔·拉格斐和芬迪姐妹创造了The Pequin图案——芬迪的非商标标识（Fendi's logo non logo）。这一图案以深褐色和浅黄色相间的横条纹为特色，打破了当时以品牌标识为中心的设计原则，为芬迪提供了更微妙而独特的风格，成为品牌的标志性元素之一。The Pequin图案最初用于芬迪的皮具和配饰上，后来逐渐被应用在服装设计中，成为皮草工艺创作的参考以及成衣和配饰的图形基准。这一简单而优雅的经典条纹图案体现了芬迪品牌在时装设计方面的工艺创新，彰显了品牌独特的时尚风格。

芬迪使用The Pequin图案设计的Pequin Kelly Flap包

与产品美学结合的芬迪品牌识别系统，不仅是市场地位的象征，更是品牌历史、品质和风格传达的强有力符号。通过这一符号的不断演化和应用，芬迪不断定义其品牌形象，并引领着其产品线的美学发展方向。如此，芬迪不只是提供了一件件具有使用价值的商品，更开启了一扇通往文化和美学深处的窗户，这种美学的探索和定义，确立了芬迪在品牌竞争中鲜明而独特的地位。

-2-

第二节
明星设计师驱动

　　明星设计师在塑造当代审美和推动设计潮流方面发挥了不可替代的作用，也极大地影响了产品美学的定义。他们将个人的创造力、技艺和对美的独特见解融入设计中，在提升产品的功能性之余，也提升了产品的美学价值，更重要的是能与用户产生情感共鸣，为人们的日常生活带来美的体验。这些明星设计师的作品因其美学价值和市场成功而成为行业的标杆，他们的设计不仅能够引起广泛讨论，还能激发其他设计师和品牌创新，他们不单在塑造产品的形象和用户的感受，更在定义我们所处的时代的设计语言和审美标准。可以说，明星设计师的贡献超越了单个作品的成功，他们通过创新和艺术影响力，推动了整个设计领域向前发展。

一、菲利浦·斯塔克（Philippe Starck）

　　以菲利浦·斯塔克这位备受推崇的明星设计师为例，他的作品生动地展现了设计师是如何在产品美学的舞台上施展影响力并获得卓越成功的。

　　他的设计语言——别具一格且辨识度极高的"斯塔克风"，突破了常规的功用主义设计范式。他将个人的创新理念注入设计中。这些理念贯穿于他对前沿设计的探索和对个性表达的坚持，使得原本普通的物品被赋予了充满现代感的具象符号性质，包括室内空间、家具和日常用品等各个方面。他创造的"新奇事物"常常令人感到惊讶甚至错愕，但它们的市场表现却出奇地好。这些成就使得斯塔克在这个时代中脱颖而出，成为一位既顶尖又极具特色的设计师。

斯塔克在追求产品的艺术性和审美性的同时，也同样注重产品的功能性。他通过精心布局结构学设计，匹配合适的技术应用，确保产品在外观上足够吸引眼球，从而为寻常可见的大众生活类用品注入新的生命力，重新定义其产品美学。

他的经典设计作品 Juicy Salif 榨汁机，其造型是受到鱿鱼形状的启发。这款榨汁机由三条细长的腿支撑，产品中心是一个用于挤压水果和收集水果汁液的锥形结构。这种设计既没有打破传统的工具形式和用途，造型又颇具雕塑感，体现了斯塔克对常规厨房用具的颠覆性思考。该产品一上市就轰动了时尚界，并且广受市场追捧，至今仍是代表先锋设计的明星产品。

菲利浦·斯塔克与他设计的Juicy Salif榨汁机

菲利浦·斯塔克的设计作品不仅获得了商业上的成功，在设计领域也有深远影响力。他的案例生动地诠释了设计师如何通过独到的创意、审美和功能性洞察，成为产品美学的推动者。这种以明星设计师为中心的驱动力不仅塑造了个体品牌形象，更在行业内推动着产品设计的创新与发展。

他的另一件经典的作品是 Bubble Club 2000 系列产品，是家具设计领域的一个标志性作品。下图中的白色沙发融合了 20 世纪 20 年代经典的俱乐部沙发元素，斯塔克通过创新的设计手段，将传统的俱乐部沙发从中产阶级室内陈设品转变为大众都能用得起的产品。在造型上，沙发的扶手设计把柔和的曲线轮廓与沙发背部的朴素和理性的线条结合，使视觉上充满圆润与竖直线条碰撞的趣味性。在材料上，这款沙发完全采用空心聚乙烯外壳和滚塑技术制作——菲利浦·斯塔克将其称为"由空气制成的带有塑料表皮的沙发"，从而降低生产成本，使其售价更亲民。这款沙发与同系列椅子和小桌子共同组成了一个"工业沙发套装"，表现了斯塔克在形式、材质、颜色和技术使用上的创新。因为其材质坚固、耐用，并且足够环保，这系列产品广受欢迎，并在户外环境中使用。

Bubble Club 2000
系列产品

2001 年，Bubble Club 沙发荣获意大利最著名的工业设计奖之一的金圆规奖（Compasso d'Oro），彰显了其在设计界的重要地位。其独特的设计语言和对材料的创新使用，不仅标志着家具设计的一次重大飞跃，也展示了如何通过工业生产手段实现设计的大众化。

二、亚历西（Alessi）的设计师

亚历西作为一个意大利的家居用品设计与制造品牌，始终强调与世界各地优秀设计师深度合作，以打造品牌形象。通过与国际知名设计师合作，亚历西在产品设计上融合了不同文化的艺术元素，使其产品具有独特的国际视野，让亚历西的产品在外观上具备丰富的多样性，更让品牌在国际市场上占据了独特的地位。

由于对创新和创意的高度追求，亚历西对设计师的选择十分慎重，合作过的设计师包括菲利浦·斯塔克、米歇尔·格雷夫斯（Michael Graves）、阿莱桑德罗·门迪尼（Alessandro Mendini）等。对设计师的精心挑选不仅让亚历西的产品极具个性，同时也确保了产品在设计上的高水平和专业性。

设计师在亚历西的产品美学中被视为创意的驱动力。品牌鼓励设计师跳出传统框架，通过对形式、功能和材料的创新运用，为产品注入新的生命力。这种明星设计师驱动的创新精神使得亚历西的产品在市场上一直能够保持先锋地位，引领潮流。

1. 米歇尔·格雷夫斯

这位美国建筑师与设计师在亚历西的历史上留下了鲜明的印记。他设计的 9093 水壶于 1985 年推出，是亚历西的标志性产品之一，更是设计史上的经典作品。格雷夫斯运用极具特色的后现代主义风格，将功能主义的厨具转化为充满乐趣的艺术作品。9093 水壶的设计以简洁的形状和明亮的色彩搭配为特点，壶嘴之上的鸟形哨子不仅是装饰，还能在水开时发出令人愉悦的哨声，为日常生活增添趣味。通过格雷夫斯的这一作品，亚历西展示了如何将设计师的独特创意和品牌理念结合，创造出充满故事和情感的产品。这种对设计和功能的深度融合是亚历西产品美学的典范，也是其在国际上获得成功的秘诀之一。格雷夫斯与亚历西之间的合作强调了品牌倾听并实现设计师创意的承诺，也证明了亚历西在促进设计师与产品之间深度融合方面的持续领导力。

米歇尔·格雷夫斯及其为亚历西设计的 9093水壶

2. 阿莱桑德罗·门迪尼

阿莱桑德罗·门迪尼是享誉国际的意大利设计师和建筑师，以其对后现代主义风格的贡献而知名。在与亚历西的合作中，门迪尼设计了许多标志性作品，其中最著名的就是 Anna G. 开瓶器了。

阿莱桑德罗·门迪尼及其为亚历西设计的 Anna G. 开瓶器

Anna G. 开瓶器是门迪尼在 1994 年设计的，开创性的设计使其迅速成了设计界的标志性产品。这款开瓶器以人物形象为设计灵感，融合了实用功能与戏剧性美学。其人形的设计不仅易于识别，也体现了门迪尼在设计中对产品赋予情感价值和人格特质的独特方法。Anna G. 开瓶器的笑脸和色彩鲜明的造型，体现了门迪尼的风格，也展示了亚历西产品中的幽默和欢乐元素。

Anna G. 开瓶器的设计超越了传统厨具的边界，使开瓶器成为一件可以放在家中任何角落的装饰品。门迪尼的这一作品体现了亚历西将设计艺术融入日常生活用品的理念，将每个产品转化为传达快乐和创意的媒介。这款开瓶器不仅提升了开瓶器的实用性，更是一种文化的象征，显示了亚历西在生活中寻找美学和创意表达的不懈追求。

总体而言，与亚历西合作的设计师在产品创作中不仅要关注外观的美感，还要充分考虑产品的实际使用场景和功能需求。这种设计师对美学和功能性的双重追求使得亚历西的产品可以称得上是实用的生活艺术品。亚历西这种明星设计师驱动的理念不仅使其在设计上保持专业性和创新性，同时也为品牌赋予了独特的文化价值和国际竞争力。

三、佐藤大（Sato Oki）

佐藤大是国际知名的日本工业设计师，他以"无意识设计"的理念而著称。这一理念强调在设计中追求简单自然又不失精巧的美学，使其作品不仅拥有新颖、独特的外观，而且能够促成产品与用户建立起无声的对话。

佐藤大

以佐藤大为意大利威尼斯玻璃企业 WonderGlass 设计的 Melt 家具系列产品为例，该系列将玻璃的流动性和光影效果与家具设计的实用性结合，体现了佐藤大对材料特性的深入理解。这些家具作品在视觉上呈现出一种仿佛在空间中自然融化的效果，让人在使用时能感受到玻璃材质的温暖和轻盈。

佐藤大在 2017 年为意大利家具品牌 Alias 设计了 Flow 系列产品。在这个系列的产品中，他为不同的家具巧妙地设置了一个置物篮，用于存放那些不希望被轻易看到的物品，

佐藤大为玻璃企业WonderGlass设计的Melt家具系列产品

从而使家居环境显得更加整洁有序。Flow 系列产品的设计以极简主义风格为主，包括桌子、花瓶、置物架和小型咖啡桌等多种产品，其流线型的设计去除了尖锐的边角，增添了更多的圆润感与和谐感。这些置物篮既可以置于显眼的柜子顶层，也可以巧妙地隐藏在桌子下方，从而无缝地融入家具中。

佐藤大为Alias设计的Flow系列产品

这些设计不仅体现了佐藤大的设计风格，还展现了设计师如何将独特的观点转化为功能性与美学并重的产品。设计是创造美观的物品，更是对生活方式的反思与实践。佐藤大的设计哲学和作品，无疑在当代审美和设计潮流中占据了独特而重要的位置，他的影响力不仅局限于特定的产品或项目，也在更广阔的设计和文化领域中发挥了重要作用。

-3-

第三节
消费者驱动

　　无论品牌驱动还是明星设计师驱动，这两种方法都能够展现强烈的品牌特征和设计师的个人特征，它们常被奢侈品品牌或者一些极有个性的小众品牌运用。而这里我们要探讨的消费者驱动虽然没有像品牌驱动、明星设计师驱动那样广受媒体关注，但事实上是产品美学定义的主流。消费者与市场消费趋势相互作用，深刻影响了市场上的绝大多数产品。企业或设计师通过细致观察市场的变化，能够洞察到消费趋势下消费者审美偏好的微妙转变，从而引导产品设计向着更具包容性、更能触及消费者情感的方向发展，这样的设计不仅增强了产品的市场竞争力，也在某种程度上推动了整个行业的创新和进步。因此，紧跟消费者审美和市场趋势的脉动，对于实现产品设计的持续创新和提升消费者满意度具有重要意义。

　　企业应及时掌握前沿消费趋势和以消费者为中心的设计方法，基于消费者的价值观、生活形态、审美特征，精准而富有创造性地为消费者做设计。

一、健康新趋势

随着人们对健康管理的关注日益增加，家庭医疗设备市场经历了一场深刻的变革。传统的、笨重的医疗设备正在被小型化、便携式的产品取代。消费者对这些紧凑、智能化的医疗设备的偏好，推动了这类"口袋系列"设备的普及。

以便携式血糖监测仪为例，25 至 40 岁的中青年群体是这类产品的主要购买者，他们更倾向于通过家庭检测主动管理家人的健康。据《医疗器械蓝皮书：中国医疗器械行业发展报告（2020）》，2020 年，我国家用医疗器械的市场规模已达千亿级别，并在持续扩张。不断扩大的市场规模反映出消费者对便捷的家庭健康管理和先进科技产品的需求正在蓬勃增长。

鱼跃便携式血糖
监测仪

与此同时，养生观念也引起了年轻一代消费者的广泛关注。特别是"95 后"和"00 后"群体，正在推动传统养生方式与现代生活方式的结合。他们的兴趣不局限于传统的中草药产品，而是拓展到了将这些传统元素与现代科技融合的创新产品上。比如，专注于艾灸产品研发的艾修堂，针对年轻人的生活形态推出了小筒灸 V1 产品。

艾修堂小筒灸V1

　　小筒灸 V1 采用了"聚能小筒"的设计，颠覆了传统艾灸盒笨重、大体积的外观，变得轻盈、便携。同时，独特的"走马灯"造型设计不仅提升了产品的美观度，还有效解决了市场上大部分悬灸产品由于进氧不足而导致的艾炷燃烧不全、易熄灭的问题。在产品色彩方面，小筒灸 V1 引入了时尚感十足的胭脂粉和琉璃蓝配色，深受年轻人喜爱。在材料方面，小筒灸 V1 外壳采用食品级 PP 材料，环保且具有耐高温和隔热防烫的特性，解决了悬灸产品使用过程中烫手的问题。小筒灸 V1 从技术、造型、材质、色彩等多方面，对传统保健设施再设计，贴合了新一代消费者需求，从而实现了品牌的持续增长。

　　定制化营养补充品也是健康行业的一个重要发展方向。利用先进的生物科技和数据分析技术，一些产品通过深入的个人健康评估，包括个人血液分析和基因检测等方式，为消费者提供更精确的营养支持。这些产品也越来越重视产品的美学设计，并将好设计作为吸引和打动消费者的关键因素进行考量。

　　营养健康品牌 LemonBox 巧妙地满足了繁忙都市职场人

士的日常健康需求，为其提供量身定制的维生素补充计划，从而避免不必要的身体负担。每款产品内部均配有分装的小袋，每个小袋精确包含一天所需的补充品，便于用户在各种场合，如出差、旅行或上班时携带。这些小袋子有趣味性和个性化元素，如用户的名字、服用天数，还提供营养小知识，有效增强了服务体验和定制化理念。外包装上设有日历打卡区域，帮助用户坚持服用。通过这种每日一袋的创新包装方式，LemonBox 简化了消费者的日常服用流程，使补充剂产品完美融入了现代人快节奏的生活中，同时也提升了消费者健康管理的效率和便捷性。随着市场的不断发展和消费者需求的日益多样化和个性化，这类产品的创新和发展将持续引领健康产业的新趋势。

LemonBox定制
维生素营养包

近年来，我国人口老龄化进程不断加快，老龄健康产品的市场需求日益增长，形成了一个充满活力的新兴产业。在此背景下，专注于老年人足部健康多年的老人鞋品牌足力健，已经成为老年健康和服饰产业中的一个领军品牌。

足力健的产品造型是针对老年人的脚型特别设计的，如鲇鱼头鞋型的设计旨在提供宽松的穿着体验，不会挤压脚部；加宽的鞋头、加高的鞋腰增加鞋内空间；为保护脆弱的脚踝，引入了元宝鞋帮设计；防滑鞋底和大花纹设计确保行走安全。这些创新都是为了满足老年人的需求，解决他们的足部痛点。

足力健冬季保暖鞋

在产品设计理念上，足力健不仅从人体工学角度设计产品，同时以老年人的视角定义老年人的时尚。为此，足力健特别邀请了全球知名的椰子鞋"YEEZY 350V2"的设计者杰夫·亨德森（Jeffrey Henderson）参与设计工作，他的加入为足力健老人鞋带来了更多时尚元素，满足了新老年消费群体的多样化需求。足力健的创新不止于此，公司在鞋面、鞋底、鞋配件等方面已经获得了335项与老人鞋相关的发明专利、实用新型专利和外观设计专利。

二、圈层经济

在当今社会，人们越来越倾向于根据个人的生活状态和兴趣爱好形成特定的社交和消费圈层，这就形成了圈层经济。无论是单身者、学生、宅男（女）、二次元爱好者、宠物爱好者还是打工族，每个人都有自己的人物标签，他们拥有各自不同的兴趣和爱好，如旅游、美食、游戏、露营、角色扮演等。这些标签和兴趣的重新分类和聚集，不仅形成了固定的社交圈和消费圈，也塑造了独特的圈层经济模式，人们更倾向于与志同道合的人群聚集，他们有相似的消费需求和偏好，会购买相似的产品，共享同样的兴趣爱好，并更加依赖圈内的口碑传播，注重产品和服务的使用体验和主观感受。在品质之外，人们也更愿意为具有个性、特色和创意的产品买单。圈层经济的兴盛不仅为小众市场注入了新的活力，也成为整个商业市场增长的新动能。

在多元和充满活力的圈层经济中，年轻人中涌现出了一种新潮流，就是在社交网络上"晒娃"。这里的"娃"指的并非孩子，而是棉花娃娃。这些娃娃尺寸多样，内部填充着柔软的棉花，它们的吸引力往往集中在精心设计的面部和服装配饰上。棉花娃娃最初源自韩国的追星文化，粉丝购买这些具有明星属性的娃娃，作为对偶像的支持和喜爱的表达。可爱的外形和神似偶像的特点让这类玩偶在粉丝群体中大受追捧，随着日韩偶像经济的火爆在中国而兴起。虽然如今日韩偶像经济产业日渐低迷，但棉花娃娃却未一同销声匿迹，究其原因，棉花娃娃早已摆脱了偶像的影子。

在"娃圈"中，"有属性"和"无属性"的概念非常关键。"有属性"的娃娃意味着它们有着明确的原型，通常是受欢迎的明星或是经过影视剧授权的人物形象；"无属性"的娃娃则没有特定的原型，它们是纯粹的创意和想象的产物。越来越多的年轻人愿意选择一款自己喜欢的"无属性"娃娃来"养"，为娃娃精心打扮、庆祝生日，甚至在旅游和社交活动中让它们"出镜"拍照，这些棉花伙伴对忙碌的年轻人而言不仅是一种新兴的玩具商品，更是自己的珍藏品，是自己精神世界的一部分。在忙碌紧张的学习和工作生活中，这些可爱的娃娃成了年轻人的心灵慰藉，为他们繁忙紧张的学习和工作生活带去一丝温暖和陪伴。

网友在社交平台"晒娃"

从生产端来看，随着棉花娃娃市场的迅猛增长，相关产业链也逐渐成熟。个体创作者在这一市场中发挥着关键作用，他们最初以明星为原型设计棉花娃娃，而后逐渐扩展到电影、动漫和小说角色。市场的发展吸引了传统玩具厂商和新兴潮玩品牌的关注，他们纷纷投入这一领域，推出各种联名 IP 娃娃和原创设计的棉花娃娃，丰富了市场上产品的多样性。

市场数据表明，棉花娃娃产业在"00 后"和"95 后"这两大年轻用户群体中风靡，已经吸引了超过百万的消费者。

从 2018 年的几万名购买者到 2022 年底的数百万购买者，棉花娃娃及其配饰在短短五年间经历了一个从稚嫩到成熟，再到蓬勃发展的华丽转变。无论在网络市场还是大城市商业综合体的潮玩店铺，这些可爱的棉花娃娃及其丰富多彩的服装和配饰都备受青睐，成了年轻人购物清单上的热门商品。棉花娃娃产业不仅展现出令人瞩目的市场影响力，更在棉纺织业和国家 GDP 增长方面做出了巨大的贡献。棉花娃娃现象不仅反映了"圈层经济"下年轻一代的消费态度和需求，也促进了整个行业的经济指数增长，成了当代文化和社交方式的一个重要标志。

三、悦己消费新趋势

在当今消费市场，"悦己消费"成了新兴消费趋势。在这个趋势中，消费者更倾向于购买那些能够表达个人身份、展示个人品位或者满足特定爱好的商品和服务，个人兴趣和喜好成为消费决策的核心。这种消费方式让人们更加重视自我表达和个人成长，而不是盲目追随大众潮流。这不仅改变了消费者的购物习惯，也促使企业调整市场策略，找到新的市场增长机会。

名创优品就是适应这种变化的典型例子，名创优品的首席执行官叶国富明确指出，公司的目标是从传统零售企业转型为以兴趣消费驱动的内容公司。IP 联名产品是这一转型的关键，通过与迪士尼等大型 IP 的合作，名创优品推出了草莓熊、三眼仔、漫威、冰雪奇缘等多个热门 IP 系列产品，如盲盒、玩偶和香水香氛等。这些产品不仅获得了粉丝的喜爱，也加深了品牌与年轻消费者之间的情感联系。2023 年，名创优品的全球盲盒产品销量超过 2000 万件，香薰产品的营收超过 18 亿元，展示了其在市场上的强劲表现。

尤其值得一提的是名创优品与《芭比》的联名合作。随着 2023 年夏天《芭比》真人版电影的热映，名创优品推出了以"万物皆可粉粉搭"为主题的芭比系列新品，覆盖生活百货、饰品、包袋、彩妆、宠物和文具等多个领域，这些产品以亲民的价格和独特的设计迅速成为市场热点。长沙城市形象店的新品上线时，更是换上了芭比粉色的梦幻"外衣"，并在店外设置了巨型芭比粉色杂志创意装置，迅速成为长沙的新晋网红地标和社交平台的流量热点。

芭比系列产品的流行不仅是因为设计时尚，更在于其传达的积极信息：每个女孩都应该成为真正的自己。这些产品的多样化风格（甜美、酷辣、可爱、复古时尚等）鼓励女孩尝试不同形象，追求自己想要的生活。名创优品将《芭比》的"你可以成为任何人"理念融入产品设计中，让女孩不仅能接触到一个粉色的芭比梦，而且得到了追求多元化美丽和

名创优品与《芭比》联名的系列产品

自信的鼓励。名创优品通过深入理解 IP 特质和内涵，以及洞察年轻人的内心世界，以兴趣和个人喜好为导向的市场策略，成功地在市场上脱颖而出，打造出更符合年轻人精神需求的产品，同时也为企业赢得了巨大的销售增长。

"悦己消费"趋势的兴起不仅推动了传统零售行业的变革，更随着新一代消费者——"95 后"和"00 后"的崛起而逐渐成为市场的新常态。这些年轻人更愿意为自己的兴趣和文化偏好买单，因此，一些曾经被认为是小众的市场领域迎来了爆炸式的增长，汉服市场的繁荣也是这一趋势的典型体现。

在中国这个消费大国，"巨国效应"为个性化、兴趣化和多样化消费提供了广阔的发展空间。在互联网普及和数字化时代，即使是小众文化或特定兴趣群体也能找到足够的市场空间和受众，从而实现可观的市场规模。

Chapter Eight

产品体验与产品美学定义

在现代市场中，产品体验和产品美学不再是孤立的概念。它们相互交织，共同构成了用户对品牌和产品的全面认知。基于上海交通大学设计趋势研究所的研究和项目经验，我们探索了产品体验如何与产品美学相互作用。这种探索可以帮助品牌通过更好的用户体验，更精准、持续、高效地传达自身的产品、服务及价值观，从而在消费者心中建立良好的产品形象和品牌印象。

本书第三章内容所提到的品牌与消费者沟通的三个层次模型，同样可以应用于产品体验与产品美学定义中，该模型提供的功能、利益以及精神与审美三个层次的框架，能够指导企业，从产品功能到情感交互的设计，再至品牌精神与文化价值的塑造，在战略层面开展精准、合理的规划布局。

-1-

第一节
功能层的产品美学定义

产品美学定义的第一层次，即功能层次，其关注点在于产品的功能性和技术规格。这是构建产品基础体验的出发点，涉及一个产品的基本操作。在这一阶段，产品美学主要围绕实用性、操作性及功能性进行设计定义。这一层次的美学不仅能满足用户的基本使用需求，还能为后续的深入体验打下基础。

大疆创新科技有限公司是一家全球领先的高科技公司，致力于在无人机、手持摄影设备、机器人教育，以及更多前沿创新领域不断革新技术与解决方案。大疆产品以卓越的高科技功能属性在市场脱颖而出，其先进的配置和参数成为产品体验的焦点。品牌针对不同的产品应用领域，进行了有针对性的参数配比。

大疆无人机

在入门消费级无人机领域，产品提供智能拍摄、自动返航等便利的操作功能，通过简洁、可随身收纳的外形，提升普通消费者的使用友好性。在专业消费级无人机领域，产品在飞行性能、操控稳定性等基础功能之上，提升操控精度等方面的技术指标，通过多种相机配置的组合，为专业创作者提供更加精准的拍摄输出，产品造型更加精致且富有科技感，以彰显用户对于设备性能的高要求。而在商业无人机领域，产品会配置相应的功能传感器和先进的数字算法，提供更加精准、高效的数据采集和监测，考虑到商业用户对设备稳定性和可靠性的高要求，产品造型也会更加工业化。

-2-
第二节
利益层的产品美学定义

产品美学定义的第二层次即利益层次，产品着重于满足消费者的个人喜好和使用需求，产品设计开始考虑用户的生活方式和产品使用场景。此时，不应仅将产品当作工具，而应从多感官维度全方位提升用户的体验感受，探索如何通过产品美学定义来提升用户满意度和忠诚度。

哥伦比亚（Columbia）作为一个享誉全球的户外品牌，以其先进的技术和高品质产品成为户外运动爱好者和探险者的首选之一。消费者在户外场景中有温暖、干燥、清凉、防护、耐久性和舒适性等需求，针对这些需求，哥伦比亚精心设计产品，满足从山地徒步、滑雪到徒步旅行等各种户外活动条件。

哥伦比亚针对不同户外场景研发对应的服装

　　哥伦比亚的产品设计哲学是深入了解户外活动者的实际需求，从而提供最适合的解决方案。无论是在凉爽气候下徒步旅行，还是在极寒条件下滑雪，品牌都能为消费者提供恰到好处的装备选择。这种以用户为中心的设计理念，使得哥伦比亚的产品不仅高效实用，而且与户外运动爱好者的生活方式完美融合，为他们带来更加丰富和专业的户外体验。

　　哥伦比亚不仅满足了消费者在不同场景下对产品的体验需求，其推出的 ICONS 系列，更是将消费者的时尚态度展现得淋漓尽致。在该系列产品中，品牌在经典的服装外形中融入活泼的图案元素和丰富的色彩，根据服装的使用场景精心演绎现代时尚。例如，在防水冲锋衣上大胆地绘制生动的雨林景象图案，为服装注入生机勃勃的色彩，仿佛将户外的自然风光带到了穿着者的身边；在轻薄的夹克上拼配橙蓝荧光的撞色，为衣物赋予了一种来自沙漠的神秘感。无论通勤还是旅行，哥伦比亚的消费者都能轻松地切换造型，搭配出属于自己的时尚风格。

哥伦比亚ICONS
系列

-3-
第三节
精神与审美层的产品美学定义

产品美学定义的第三层次即精神与审美层次，是产品体验设计的最高层次。在这一层次，产品超越单纯的功能体验，转而关注体验中的精神意义和情感感知，这里的产品美学深入产品与用户情感连接的层面，产品成为消费者体验过程中展现个人身份、价值观和表达生活态度的载体，更强调情感共鸣和文化认同。

迪奥是主打高贵优雅风格的奢侈品品牌。在时装、珠宝及手表、香水、彩妆和护肤领域，迪奥是优雅与奢华的完美呈现。Miss Dior 是品牌旗下的一款经典女士香水，品牌针对年轻女性对美好、浪漫的情感体验的憧憬，将香水变为一种情感表达的载体，激发女性展现自我、表达爱意的欲望。

Miss Dior 香水的核心宣传主题"为爱绽放"，巧妙地将香水与爱情、自由、快乐等丰富的情感内涵连接起来，贴合了目标消费者的生活态度。产品针对目标消费者的审美追求，选用丰富而优雅的花香调，瓶身造型融合了梦幻的粉色和蝴蝶结元素，具有独特而甜美的女性魅力。通过满足精神与审美层次的产品设计，Miss Dior 与目标消费者之间建立了深厚的情感纽带，让该香水成为消费者理想中美

Miss Dior香水

好爱情的重要象征。

　　另一款经典的女士香水当数跨越了一个世纪的香奈儿N° 5。20世纪20年代，在第一次世界大战的影响下，女性开始摆脱传统束缚和限制，追求自由和独立，表现出了更多想要参与社会事务和自我表达的欲望，但这一时期的香水多是芬芳易散的花香调。于是，在1921年，嘉柏丽尔·香奈儿（Gabrielle Chanel）邀请恩尼斯·鲍（Ernest Beaux）打造了一款"闻起来像女人，而不是玫瑰"的女士香水，给每位女性一种量身定制的使用感受，就像一件高级定制礼服一样。N° 5香水迷人而丰富的气味层次满足了现代女性的精神需求，象征着性感、优雅、奢华和魅力。

　　品牌宣传将N° 5香水与体现自由、创新和力量的香奈儿本人的形象联系在一起，也在品牌宣传历史中与更多的现代女性形象联系在一起，使得该产品的标志性地位更加牢固。玛丽莲·梦露（Marilyn Monroe）曾在采访中表示，"睡觉时我只滴几滴香奈儿N° 5香水"。2013年，香奈儿利用梦露的这段采访录音开展了一场宣传活动，将香奈儿 N°5 香水和这位已逝的传奇女性形成形象联结，使人们在想起香奈儿 N°5 香水时，便想起梦露，想起性感、热烈的完美女性形象。在该广告中，香水成了女性爱情与梦想成真的象征，品牌回归经典的法式魅力女性形象，在现代背景中延续着香奈儿女士勇敢面对自我的个性，不流于世的形象。香奈儿 N°5 香水也因此成了一种不断发展的文化标志，它是历史上第一款由女性服装设计师创造的香水，第一款以数字命名的香水，第一款超越单一花香的女性香水，产品在嗅觉体验之外，与用户产生了深刻共鸣。

香奈儿N°5香水

-4-

第四节
消费者的产品美学体验

通过三个层次的递进，产品体验与产品美学定义为品牌与消费者提供了一个全面沟通的框架，这一框架深化了用户与产品之间的联系。产品不仅在功能和性能上满足用户需求，而且在情感和精神层面与用户产生共鸣，企业要以体验为媒介，传递出品牌的核心价值和文化理念，进而在用户心中建立起独特而深刻的品牌形象，从而在瞬息万变的市场中稳固自己的地位，构建起一个充满活力、持续成长的品牌生态系统。这种系统不仅基于产品交易，更基于情感交流和文化交融，它赋予了品牌一种生命力，使其能够与时俱进、持续创新、不断前行。

林肯（Lincoln）作为拥有百年历史底蕴的美国豪华品牌，凭借独树一帜的"豪华，自有其道"的品牌形象而闻名，持续带来与时俱进、颇具仪式感及个性化的经典之作。林肯在中国市场投入的四款 SUV 价格由低到高依次是冒险家、航海家、飞行家、领航员。

林肯飞行家是林肯品牌下的大型三排 SUV，展现了品牌在高端汽车领域的卓越成就。

在功能层面，该车型采用高端的材料、豪华的制造工艺

左：林肯冒险家，"超越，从未设限"
右：林肯航海家，"长风破浪"

左：林肯飞行家，"静于心，动于型"
右：林肯领航员，"领航者，集大成"

和先进的技术配置，装配了半苯胺高级皮质座椅、双涡轮增压发动机、高级智能助驾系统等。

在利益层面，林肯，通过先进的多达 30 向电动调节的全体感尊享按摩座椅和 Auto Air Refresh 新风管家等高端配置，以确保驾驶者在驾驶过程中获得理想的驾驶体验。

在精神与审美层面，针对高净值商务人士表现个人身份、不凡品位和生活态度的需求，林肯飞行家秉承了"静于心、动于型"的产品理念，在传承林肯的尊贵品牌精神的同时，融合了现代设计语言创新，将用车转化为一种生活的艺术，满足消费者对"气静神闲""一往无畏"的领导者精神美学的追求。

　　林肯在每一款车型中都通过这一完整的产品体验层次，全面满足用户在功能、利益，以及情感与审美三个层面的需求，深入消费者的生活和价值体系，提供与时俱进的美式豪华产品体验。

Chapter Nine

第九章
基于消费者审美差异的产品美学定义

　　在传统的消费者研究中，人口统计变量是主要的消费者细分依据。消费者年龄、收入、家庭类型等是人口统计学变量中，用于区分商品价格区间、商品档次的重要因素。但在实践中，我们发现，使用人口统计变量方法得出的消费者细分结论，难免会出现边界模糊、性质交叉的现象。

　　随着中国消费者收入的提高，购买力不断增强，在选择品牌和商品的过程中，收入的决定性在下降，生活形态与审美特征在消费者选择过程中日渐占据更重要的地位。在世界范围内，诸多品牌依靠对消费者审美差异深入的研究，对旗下产品进行美学定义，获得了令人瞩目的商业成功。下面以上汽大众新朗逸汽车为例，展示如何基于消费者审美差异，进行产品美学定义。

-1-

第一节
前期调研

上海交通大学设计趋势研究所基于对消费者审美差异的研究，对上汽大众的朗逸家族车型提出了新一代产品定义策略。

首先，通过文献研究的方式，对社会价值观宏观趋势，以及时尚、艺术、设计等行业中最新的视觉流行趋势进行深入研究，为上汽大众品牌后续的产品美学定义方向提供参考依据。随后，我们邀请了五位不同行业的专家，从各自的专业领域出发，给出具有针对性的趋势解读，并针对未来产品设计方向提出建议。同时，我们将前期有关流行趋势的内容制作成高品质测试工具，并让每个专家进行测试，以筛选出他们认为最具发展潜力的设计趋势。通过这种方式，能够更全面、深入地了解专家对未来设计趋势的看法，为上汽大众品牌的产品设计提供更准确的方向指导。之后，我们将专家访谈测试出的趋势图转化为测试材料，供后续对目标消费者生活形态和审美偏好的研究使用。

在专家测试之后，我们在泉州、长沙、重庆、上海四个城市初步筛选招募了 192 名真实的目标消费者（朗逸及其竞品车主），通过图文家庭作业的方式对消费者的日常生活和审美偏好进行初步了解。我们让消费者在家庭环境中完成与生活相关的作业，这种方式能够更真实地反映消费者的日常生活状态和审美水平。

在各位车主完成家庭作业之后，我们对他们再次筛选，选出具备一定个人审美见解，对生活品质有一定要求，有明确的个人业余爱好的 48 位车主（朗逸及其竞品车主），作为目标消费者焦点小组，进一步完成深入的目标消费者生活形态和审美特征的研究。在焦点小组中，我们使用测试工具对消费者的价值观、生活形态，消费者能接受的流行趋势方向，以及汽车审美偏好进行长达一个半小时的测试，在测试过程中，鼓励消费者积极分享自己的看法和观点。消费者之间的互动和讨论方式为我们提供了更丰富、更深入的信息，并且多人共同讨论能够互相激发灵感，让我们更全面地理解他们的需求和期望。

-2-

第二节
消费者生活形态研究

通过前面的深入研究，我们将目标消费者的生活形态和审美信息进行总结，并依据我们的方法论进行定位与聚类，最终将这 48 位消费者分为两大类。接下来，我们对这两大类目标消费者的生活形态和审美特征进行了解读，从而进一步为朗逸家族的产品设计提供更精准的指导。

类别一：

这类消费者的群体意识强烈，他们认为家庭是一个温馨的避风港，是他们寻求松弛、平和与舒适的地方。在经历社会压力和奋斗打拼之后，他们渴望回归家庭，与亲人相聚，寻求对内心的疗愈和安慰。他们经常在不加班的晚上和家人一起用餐，周末参加家庭活动等，这些能让他们感受到家庭的温暖和亲密。他们珍惜与家人在一起的时光，希望享受家庭的温馨和幸福。此外，他们也注重与朋友的互动，认为朋友是生活中的重要支持者，可以一起分享快乐和悲伤，共同度过人生的起起伏伏，与朋友相聚也是他们寻求放松和娱乐的方式之一。

在事业上，这类消费者往往专业、高效、勤勉奋进，是部门的精英骨干。在面对挑战和压力时，他们仍然能够保持

上海交通大学设计趋势研究所的用户研究报告素材

着积极向上的态度，希望通过展示自己的职业能力和工作成就来证明自己的价值。

这类消费者对自然有着强烈的亲近感。他们身处社会竞争环境和都市喧嚣之中，不可避免地承受着一些心理层面的压力，回归自然成了他们寻求身心清净与平和的方式。他们为了与自然更紧密地接触，会养植物、钓鱼、郊游，这些活动不仅能让他们感受到生命的美妙、大自然的美丽和宁静，还能帮助他们放松身心，减轻压力。

在兴趣爱好方面，这类消费者对中国历史人文也有浓厚的兴趣。他们为中国的优秀传统文化感到骄傲，并热衷于阅读、收藏、欣赏书画、品茶等。这些爱好与自然息息相关，让他们在欣赏和创作中更深入地感受自然和历史的韵味，获得精神上的富足和自我实现。

类别二：

这个类别以年轻消费者为主，他们通常会选择与朋友一起唱歌、旅游和享受美食来获得幸福感。他们不仅追求感官上的新奇体验，如探索小众旅游目的地，还愿意与有相同爱好的同伴一起发展个人兴趣。他们也愿意花费时间和精力寻

上海交通大学设计趋势研究所用户研究报告素材

找和联络与自己有共同语言的朋友，从而获得更多的幸福感和满足感。

　　这类消费者对当下的流行事物非常敏感，积极了解、追逐流行元素，不断探索新的潮流趋势。他们在消费观念上更加开放和前卫，非常重视独创性和自己的个性符号，甚至会创造新的流行，以展现自己的个性和品位。对于真正喜欢的东西，他们会毫不犹豫地投入大量时间和金钱，愿意为了追求自己喜欢的事物而节衣缩食，甚至不惜花费高昂的费用，来满足自己的需求。

-3-

第三节
消费者审美特征研究

　　通过对消费者生活形态的研究和总结，我们能够从他们的生活点滴和面对面访谈的蛛丝马迹中，对不同类型消费者的品位和审美偏好进行抓取和提纯，从而得到某一消费类群之中具有普适性的审美特征。

　　类别一：

　　这类消费者在事业上勤奋，但希望回到家能够有一个温馨轻松的避风港。这背后的价值观是追求效率、舒适、自然。这种追求效率的生活形态也导致了他们在审美上偏好简洁、舒适、有秩序感的环境，不喜欢过多的装饰和烦琐的设计，以符合高效的办事习惯，减轻压力、放松身心。同时，他们注重生活品质和细节，追求精致、高雅和考究的生活方式。他们可能会在饮食、休闲、旅行等方面进行一定的投入，以提升自己的生活品质和体验。

上海交通大学设计趋势研究所用户研究报告素材

类别二：

这类消费者追求的是一种轻松、愉悦的生活方式。在这种生活形态下，消费者注重娱乐和享受，希望用不太有负担又热闹的方式获得生活趣味。在审美上，这种生活形态表现为偏好色彩鲜明，图案生动、夸张、吸睛和有趣的视觉语言以及设计独特的物品和环境。消费者喜欢活力、动感的感受，追求与众不同，无论服装、发型、配饰，还是家居装饰等，他们都希望展现出个性和与时尚潮流相匹配的品位及风格。

上海交通大学设计趋势研究所用户研究报告素材

-4-

第四节
基于消费者审美差异的新朗逸美学定义

    我们根据上述对两类消费者生活形态和审美特征的深入
调研分别提出了相应的产品设计建议，最终，根据业务需求
以及未来 A 级三厢车的设计趋势，为朗逸家族车型提出了
"TWO FACE"产品定义策略，即同一款车型，采用两种不
同的前脸样式，以求覆盖更广泛的消费者审美偏好。这两款
车型分别是主流设计行政版和潮趣运动版。

朗逸家族潮趣运动版（左）与主流设计行政版（右）

    主流设计行政版的车型延续了大众经典的家族化造型语
言，前脸采用大量水平的横向线条，进气格栅的镀铬饰条分
布均衡，且不失精致感，彰显了大众稳重内敛、理性精致的

品牌气质。这一车型是从容优雅又不失时尚的安心之选，能够满足多数消费者的审美要求，无论商务用车还是家庭用车均能实现体面出行。这一美学定义策略展现在上汽大众2023款朗逸的设计之上。

潮趣运动版的车型在大众经典的家族化语言的基础上进行了年轻化创新。它采用符合流行趋势的贯穿式线性灯光设计，一条纤细的水平线灯光连接了车灯和标识，配合创新式的点阵式"星空"格栅设计，使这款车型看起来焕然一新。熏黑的包围式前唇勾勒出张扬的前脸表情，也让这一车型更具时尚运动感和年轻姿态。这一美学定义策略展现在上汽大众2023款朗逸星空版的设计之上。

通过这一策略建议的实施，朗逸家族车型成为品牌的主力销售车型，其设计特征更符合多种类型消费者的审美偏好，有效提升了产品的市场竞争力，并使大众的品牌形象更趋年轻化。

03

商业美学的传播

THE COMMUNICATION
OF COMMERCIAL
AESTHETICS

Chapter Ten

第十章
商业美学传播概述

-1-

第一节
全球传媒的发展趋势

传播行为始于语言诞生之时，通过语言沟通标志着人类社会传播方式的初步形成。在人类早期文明时期，语言的口头传播是知识和经验交流的主要方式。随着文字的发明，传播方式得到了显著的增加，比如，古埃及的象形文字和美索不达米亚的楔形文字，为人类记录和传播知识开辟了新途径。然而，在工业革命之前，知识的传播大多仍局限于精英阶层之内，普通大众难以接触和学习到精英掌控的各种知识，传播媒介的范围相对有限。

工业革命带来了巨大的社会和经济变革，使传媒业实现了跃迁式的发展，商业传媒也在这个时期诞生。在这一时期，精英化的信息依托主流传媒传播，而反映大众生活和娱乐的信息也登上了传媒舞台。比如，在 19 世纪上半叶，欧洲的报纸业还依赖政府补贴或贵族赞助运营，但进入 19 世纪下半叶，报纸业开始以商业化运作为主要经营模式。工业革命使大量农民脱离了农业耕种的社会分工，进入工业化的城镇生活，政府也开始推进基础教育。城镇居民的教育水平逐渐提高，总体文盲率下降，民众逐渐形成了阅读的习惯，视听娱乐的需求也随之增加。随着工业革命发展和社会改革，欧洲文化环境氛围逐步得到改善。同时，技术的进步使通信事业得到发展，电话、电报等新技术的应用缩短了时空距离，各种信息能够更及时地传播于各地。19世纪60至80年代，俄国的日报发行量从1860年的每天2万份，增加到1880年的每天20万份。随着传媒业的发展，信息传播的内容也愈加丰富多样。媒体不仅传播统治阶级的意志，播报重大新闻事件，也开始报道普通民众的生活琐事。传媒传播的信息可以涵盖文学作品、评论文章、科普知识、社会见闻及幽默笑话等，既有严肃的学术性和思想性，也有轻松的娱乐性和趣味性。信息传播不再是上层社会的精神特权，开始满足大众的广泛需求。

在报刊、广播和电视的传媒时代，信息传播仍然具有明显的精英化特征，传媒往往由职业团体掌控，他们会对信息进行挑选、编辑，并依托固定渠道传播。普通民众主要为信息的接收方，并受到主流媒体和精英化信息的引导。在那个信息传播渠道较为集中的年代，在核心渠道发布信息往往能够产生巨大的社会影响力。1994年，孔府宴酒在首届中央电视台广告竞标中夺得"标王"桂冠，从一家默默无闻的小酒厂，跃升为全国知名企业，当年的经济指标直接跨入全国白酒行业前三，可见传播的力量之大。虽然这种集中化的传媒渠道在传播层面具有单向性，但也促使个体接收的信息保持了一定的多样性。通过一个主流渠道，某一阶层的人往往会主动或被动地接收来自不同阶层、不同人群传递的信息，比如，一期报纸会同时呈现政治、经济、商业、社会等多方面信息。回顾 20 世纪，苏联不少工人是报纸艺术专栏的忠实读者，在结束一天的工作之后，他们会阅读报纸上的诗歌作品，甚至会自己撰写诗歌发布在工人期刊上。传统纸媒的信息集中，即使是劳工阶级也能接受精英化信息的熏陶，这也引导人们突破自己的阶层和信息壁垒，追求高品位的精神世界。

进入 21 世纪，互联网技术的普及和发展进一步革新了信息的传播方式，信息传播的范围不再受地域限制，信息的获取和分享变得前所未有的便捷。社交媒体、博客和在线论坛等新兴平台的出现，使每个人都可以成为信息的发布者和传播者，每个人都能实现从接收者到参与者的转变。在互联网平台上，大众既可以自己生产内容，也可以自主选择内容，这让互联网时代的信息传播呈现出分众化、圈层化的特点。信息的爆炸性增长和算法推荐机制使人们更容易处于信息的茧房中，只接触到与自己观点相符的信息。企业在面对信息传播的新格局时，必须转变传统的营销策略，更加重视品牌的差异化定位和信息的精准传播。

同时，技术的快速发展进一步拓宽了信息传播的渠道，借由 3D、VR 等沉浸式技术的发展，传媒手段已经可以超越视觉、听觉层面，进入五感时代。消费者对产品和服务品质的追求越来越高，企业在与消费者沟通时，也必须关注消费者体验的优化升级。随着消费者对价值观和生活形态的关注日益增加，企业仅仅依靠传递某种营销信息，已经不足以对消费者构成持续的吸引力。企业需要在传播信息的内容层面上下功夫，通过讲述具有吸引力的品牌故事，传达企业的价值观念，用美学定义的方法塑造具有引领意义的生活形态，以此建立与消费者之间的长期的情感连接。

由此可见，历经全球传媒的百年发展，传媒渠道、传播方法与传媒受众的岁月变迁，商业美学传播已经成为每个企业绕不开的核心课题。

-2-

第二节
商业美学传播的定义

　　商业美学传播的定义融合了商业和美学两个看似相异但实际上紧密相连的领域。在探讨这一概念时，我们首先必须认识到商业的本质——价值传递与交换。商业活动不仅是商品实用属性和服务的买卖，而且是价值观念、生活方式和文化理念的交换。在这个过程中，美学发挥着至关重要的作用。

　　美学，作为一种审美的哲学和实践，影响着人类的情感和行为。在商业领域，美学不仅限于产品设计的外观，还会渗透到品牌形象、市场营销、广告创意乃至顾客体验的每一个环节中。美学的力量在于它能够引发情感共鸣，构建与消费者的深层次联系，从而增强品牌价值和市场吸引力。

　　商业美学传播的概念就是在这样的背景下应运而生的，它指的是通过美学的手段，有效地传递商业价值和理念。这种传播不仅通过视觉元素，如色彩、形状和布局实现，还涉及听觉、嗅觉等多方面的感官体验。随着科技的不断发展，商业美学传播的途径也在不断丰富，它融合线上与线下，打破人群、国别与文化的差异，已经成为一个多维度、跨领域的综合实践手段。在当今这个消费者体验日益重要的时代，商业美学传播的作用变得越来越显著，成了品牌和企业竞争力的关键因素之一。

-3-

第三节
商业美学传播的三个维度

　　商业美学传播主要可以划分为三个主要维度：产品体验、商业空间体验及传媒体验。这三个维度共同构成了一个全面的、多角度的商业美学传播体系，它们影响着消费者的感知、情感和最终的购买决策。

　　产品体验是商业美学传播的核心。在产品设计和开发阶段，美学既体现在产品的外观设计中，更融入在使用功能和用户体验中。现代消费者对产品的要求不再停留在基本功能层面，而是更看重产品能带来的情感体验和美学价值，这就要求企业在进行产品设计时，不仅要关注其实用性，还要关注其形态、材料、色彩甚至包装的美学设计。一个成功的产品是技术与艺术的结合，它能够触动人们的情感，激发购买欲望。

　　商业空间体验在商业美学传播中的重要性日益显著。零售店铺、展示中心等商业场所不仅是进行商品交易的地点，更是传达品牌价值和理念的空间。商业空间的设计需要考虑如何通过色彩、布局、照明和装饰等元素创造一种愉悦的购物或工作环境，使消费者或员工能够在其中获得美好的体验。商业空间的美学设计不仅能吸引顾客，还能提升品牌形象，成为品牌有效的宣传窗口之一。

　　传媒体验是商业美学传播的重要渠道。在数字化时代，传媒体验已经超越了传统的广告和公关，变成了一个全方位的、互动性的体验。社交媒体、数字广告、品牌故事和内容营销等，都是现代企业进行商业美学传播的重要手段。这些媒介不仅提供了品牌传播的平台，更创造了与消费者互动的机会。通过吸引人的视觉内容、故事和互动性活动，企业可以更有效地传递其价值观和品牌理念，与消费者建立更紧密的联系。

　　本书第一篇已详细介绍了有关产品体验的内容，可以为品牌和产品的美学定义提供指导性思路。接下来，本书从商业空间体验、传媒体验两大维度入手，阐述这两个方向的体验设计原理和构建方法，并分享我们在实际研究中收获的独特商业视角。

Chapter Eleven

第十一章
商业空间体验

-1- 第一节
商业空间体验设计原理

一、商业空间体验设计定义

商业空间原指存在物品交换的空间，是一个满足人类消费需求的场所。只要有消费者和物品，这个交换的空间就可以被称作商业空间。

过去的商业空间将产品视为空间的主要考量因素，空间布设要让位于产品陈列。空间只需要承载展示商品、销售商品的渠道与功能属性即可。但随着时代的发展，商业空间的概念开始拓展并多元化，城市中出现了步行街、商业综合体、商业展览馆等丰富的空间形式。越来越多的企业和空间设计师认识到，消费者进入商业空间之后，他们的感官体验会每时每刻地与空间要素形成互动。把握消费者体验中的每个过程，将会为企业带来更多的商业机遇与利益转化。因此，商业空间开始将消费者体验作为决定性因素纳入设计的考量中，设计的重点不再局限于空间系统的功能属性，同时还要强调商业空间系统为消费者带来的体验愉悦度和情感价值。

近年来，城市品牌体验店成了空间体验化趋势的典型代表。这些体验店不仅是企业销售产品的地方，更是品牌与消费者互动的舞台。这些体验店通过营造独特的购物环境，引入互动技术和艺术元素展示品牌故事，甚至提供多元的拓展服务，为消费者创造超越传统购物的体验。随着业态的丰富，如今的商业空间体验设计已经从单一的商品展示，转变为创造独特体验的艺术和科学。

二、商业空间的体验设计原理

随着商业空间体验化趋势的演进，商业空间的设计需要考虑体验设计的基本原理。商业空间的体验设计可以从用户体验设计领域的几个主要原理入手。

1. 商业空间的五个体验维度

要了解如何营造良好的空间体验，需要从以下五个方面考虑。

感官体验（Sensory Experience）：感官体验是指消费者通过视觉、听觉、嗅觉、触觉和味觉与商业空间互动时的体验。在商业空间设计中，使用色彩、光影、材质、音乐和香味等元素，可以显著影响消费者的感官体验。例如，柔和的照明和自然的材料可以营造出宁静舒适的购物环境，而鲜艳的颜色和动感的音乐则可以激发消费者的活力和兴趣。

认知体验（Cognitive Experience）：认知体验涉及消费者

如何理解和处理有关商业空间的信息。这包括空间布局的逻辑性、标识系统的清晰度，以及信息传达的有效性。良好的认知体验可以帮助消费者轻松导航，快速找到所需商品，同时加深其对品牌和产品的理解。

交互体验（Interactive Experience）：交互体验关注消费者与商业空间中的人员、产品、技术等元素之间的互动。这种体验的优化可以通过引入交互式屏幕、虚拟试衣间、智能导购系统等技术手段来实现。有效的交互体验不仅能够提升购物便利性，还能增加消费者的参与度和兴趣。

情感体验（Emotional Experience）：情感体验是指消费者在商业空间中产生的情感反应和情绪体验。设计师可以通过创造具有情感共鸣的空间来激发消费者的正面情感，这包括使用具有代入感的主题设计、营造温馨舒适的氛围，以及提供个性化的服务和体验。

品牌体验（Brand Experience）：品牌体验是消费者对商业空间代表的品牌整体印象和体验的感知，包括品牌故事、价值观、视觉识别等方面。通过在商业空间中巧妙地融入品牌元素，可以加深消费者对品牌的认识和忠诚度。品牌体验的构建不仅在于视觉展示，还涉及消费者在空间中的每一次互动和体验。

这五个维度相互交织，共同塑造了消费者在商业空间中的综合体验。商业空间设计的目标是在这五个维度间达到平衡和协调，创造出既具吸引力又富有深度的消费体验。

2. 体验 EEI 模型

美国著名哲学家、教育家、美学家约翰·杜威（John Dewey）在其代表著作《艺术即体验》(*Art as Experience*)中提出，一个完整的体验在某个特定目的引导下，有着"开端，发展，完成"的完整结构。在此基础上，中国设计研究专家辛向阳教授构建了体验 EEI 模型，提出体验设计的三大要素——期许（Expectation）、事件（Event）和影响（Impact），其中期许是用户通过心理准备构建体验和创造故事的开始，事件是体验的主体内容，影响是指体验带给用户的长久记忆和反思，这三个要素构成一段值得分享和回忆的体验经历。

体验EEI模型

3. SICAS 消费者行为模型

1989 年，美国广告学家埃尔默·刘易斯（Elmo Lewis）提出 AIDMA 模型，认为用户完成消费行为须经历注意商品（Attention）、产生兴趣（Interest）、激发购买欲望（Desire）、留下记忆（Memory）、做出购买行为（Action）五个过程。在该模型下，企业的广告内容、营销效果是诱发用户消费行为的关键。2005 年，日本电通集团基于网络时代的市场特征，将 AIDMA 模型升级重构后提出 AISAS 模型，意为注意商品

（Attention）、产生兴趣（Interest）、主动搜索（Search）、做出购买行为（Action）、对外分享（Share），强调在互联网应用和普及的大环境下，用户从被动接受商品营销信息，到主动搜索和分享的转变。

随着互联网技术的快速普及，互联网传播与消费者行为已发生新的变化。2011 年，DCCI 互联网数据中心通过技术手段，对数字时代下营销行为发起方（企业）、营销行为参与方（广告主、广告代理、网络媒体等）、营销行为响应方（用户）进行了长期、连续、实时监测分析后，将用户消费行为重新定义为 SICAS 消费者行为模型。该模型更加关注消费者在数字消费环境下的主观能动性，将消费者行为模式分为五个阶段：互相感知（Sense）、产生兴趣 – 互动（Interest&Interactive）、建立连接 – 沟通（Connect&Communication）、行动 – 购买（Action）、体验 –

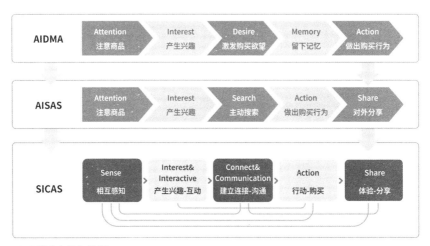

SICAS 消费者行为模型

分享（Share）。其内涵就是，首先，品牌与消费者之间建立感知，随后，消费者对品牌产生兴趣并与品牌互动，在与品牌的交流和沟通过程中被打动，做出消费行为，再将自己的体验通过分享向其他消费者扩散。

以消费者认知模型和行为模型为启示，企业在构建商业空间的体验设计时，可以把握每个体验阶段中消费者的行为目标，以消费者的消费行为决策规律为导向，合理规划体验内容。

4. 基于消费者行为的商业空间体验设计框架

结合以上介绍的学界与机构提出的基础模型，上海交通大学设计趋势研究所团队搭建了基于消费者行为的商业空间体验设计框架。该框架从消费者与商业空间接触的时空角度进行划分，将品牌体验阶段分为临店阶段、在店阶段和离店阶段。

临店阶段是指消费者从发现商业空间到进入空间之前的阶段；在店阶段是指消费者进入商业空间后对品牌及产品进行深度了解和体验的阶段；离店阶段是指消费者离开商业空

	临店阶段	在店阶段		离店阶段
品牌体验要素	品牌期许	品牌事件		品牌影响

	S 感知	I 兴趣-互动	C 连接-互动	A 行动-购买	S 分享
消费者决策心理	需求认知/信息收集	信息收集	方案评估	购买决策	购买/推荐/分享
	认识体验维度	情绪体验维度		行为体验维度	

基于消费者行为的商业空间体验设计框架

间，以及后续通过官网、互联网社群等方式与品牌建立延续性关系的阶段。这三个阶段分别对应了体验EEI模型中的"期许""事件"和"影响"三个方面。

在搭建出科学的品牌体验阶段框架后，需要继续增加品牌场景和品牌触点的分析维度，以使该模型能够完整描述消费者进店前、进店时、进店后的情感体验，依此研究优化商业空间体验的发力点。

-2-

第二节
商业空间体验构建

一、空间场景搭建

"场景"一词最早出现在戏剧或影视剧中，它描绘的是某个时间、某个地点发生的一系列故事。现代营销学家菲利普·科特勒（Philip Kotler）在 1973 年提出了有形环境的概念，指出有形环境能够影响消费者的决策，并将这种经过精心设计的有形环境称为"氛围"。

北京信息科技大学经济管理学院副教授李鸿磊、中国社会科学院工业经济研究所副研究员刘建丽等中国学者总结出以用户体验为中心的场景三要素模型，即时间、空间和内容。其中，时间包含动态实时和特定时段两个子要素，空间包含现实场所和虚拟空间两个子要素，内容要素包括产品服务和信息文化两个子要素。根据商业空间的场景特性，结合学界提出的基础模型，我们将商业空间涉及的体验场景划分为临店入口场景、在店体验场景和品牌延展场景。

1. 临店入口场景

临店入口场景是品牌与消费者建立联系的第一步，是消费者接触品牌的入口，其目的是引起消费者兴趣。临店入口

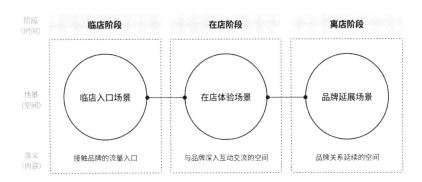

商业空间体验场景细分

场景可以对应消费者的行为认知阶段以及品牌感知阶段，顾客主要从商业空间的店面标识、设计风格以及橱窗展示中获得品牌和产品的相关信息，这些信息是企业产品品类、企业自身文化及形象的载体，只有将品牌抽象的精神元素转化为可识别的店面设计，才能够促使消费者产生步入商业空间与品牌深度交流的动机。

2. 在店体验场景

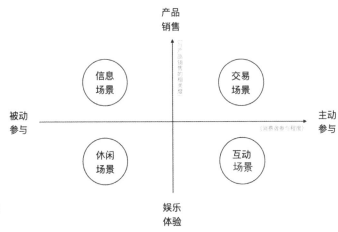

消费者在店体验
场景的细分

在店体验场景是消费者接触品牌，采集品牌与产品相关信息的核心阶段，采集结果的好坏直接决定消费者购买行为的发生与否。

我们可以把消费者在店的场景体验，以两个维度——消费者在商业空间内的互动参与程度（主动参与或被动参与）、品牌触点类型（产品销售或娱乐体验类型）——进行横向和纵向划分。基于此，商业空间的体验场景即可划分为：信息场景、交易场景、休闲场景和互动场景。

信息场景是指以产品及品牌相关信息展示为核心的体验场景；交易场景是指消费者与工作人员进行询价、购买等相关商谈活动的场景；休闲场景是指商业空间中举办的活动以及餐饮体验的场景；互动场景是指通过数字化手段促进消费者与品牌互动，提升消费者对品牌理解的场景。

消费者在空间中采集的信息不仅包括产品的造型、色彩、材质、功能、价格等物理信息，也包括在店中体验获得的感性信息。商业空间内要设立可感知的品牌形象，清晰传达品牌价值观，打造愉悦、沉浸的参观体验，抓住消费者在店的时机，与其建立物理联系和情感联系。

3. 品牌延展场景

品牌延展场景在指消费者完成商业空间提供的基本体验流程后，从准备离开空间，至消费者离开空间之后仍持续关注品牌相关信息，与品牌持续互动的阶段。这也是企业将消费者从线下引流到线上的关键环节。

离店体验对于品牌关系的延续起着关键性作用，消费者与品牌的连接于在店阶段就已经完成建立。比如，品牌可以通过赠送非卖品礼物、工作人员一对一线上服务、建立网络社区交流平台、官方推送活动信息等方式，更好地延续消费者离店后的体验。消费者离开商业空间后对于空间体验的记忆，将会影响消费者与品牌的后续关系。

二、空间触点优化

"触点"（Touchpoint）一词在用户体验设计（User Experience Design，简称 UX 设计）领域被广泛使用，指企业的品牌、产品、服务等在各个方面、各个环节与用户的接触点。这些触点可以是物理的，也可以是数字的，涵盖了用户在使用产品或服务过程中的每一个环节，包括看到广告、访问网站、与品牌交流、使用产品或服务等。

"空间触点"（Spatial Touchpoint）则是一个更具体的概念，它专指在物理空间中，用户与品牌、产品或服务发生接触的要素点。例如，一家店铺的空间触点可能包括店面的招牌、入口的门把手、点餐台、座位安排、卫生间的布置等。把控这些空间触点对于提升用户在空间领域的体验至关重要，会直接影响用户对品牌的感知、感情和行为。

空间触点具体是如何对消费者产生影响的呢？这里引用 S-O-R（Stimulus-Organism-Response，即刺激—机体—反应）模型来论证其效果。该模型被用来描述人类的信息处理过程：当机体（Organism）接收到环境刺激（Stimulus）后，通过神经系统的加工，产生认知、情感及反应决策（Response）。

该模型将品牌与消费者接触的第一环节归纳为品牌认知；在建立了一定认知的基础上，提升消费者的品牌满意度和信任度为第二环节，这促使消费者对某一品牌产生情感；同时，品牌认知和品牌情感是消费者当前购买或未来购买的先决条件，当品牌和其产品在意向维度成功触动了消费者，进入第三环节，就能使消费者产生偏爱情感并促成购买。

S-O-R模型：品牌认知和购买行为关系

由此推导，商业空间内设置的空间触点，理想状态下应该满足 S-O-R 模型中品牌与消费者的情感递进关系，这样才能确保商业空间的设立发挥最大价值。

1. 消费者行为旅程及触点要素界定

商业空间是品牌与产品的体验中心，品牌与消费者在商业空间中的接触点又可以分为品牌体验、产品体验、服务体验、环境体验四个维度。

品牌体验维度包括商业空间内的商品标识（如商品立牌、广告、产品宣传册、商品型号及优势说明）、企业标识、企业 VI 的空间设计转化应用等。产品体验维度的主要影响因素是产品品类和分类，包括产品展示、产品分类、产品交互体验等；服务体验维度主要指空间中的工作人员与消费者之间面对面的互动，也可以表现为品牌为消费者提供的所售产

品以外的附加服务；环境体验维度涉及能在良好购物氛围中
发挥作用的所有环境元素，包括商店的布局，参观体验的动
线，过道中的标记，店面的整洁度，产品的展台，室内装饰，
店中的灯光、音乐、气味带给用户的五感体验等。

　　下图量表将商业空间的四个触点维度——品牌体验、产
品体验、服务体验、环境体验，与前文提到的三个场景：临
店入口场景、在店体验场景和品牌延展场景进行了结合。通
过这张表，能够清晰地量化消费者与品牌在商业空间环境下
发生交互的各环节的关键点，展现消费者在商业空间环境中
的行为旅程及触点要素。此量表能够帮助企业梳理空间服务
要点，对不同环节的问题逐一突破。

消费者行为旅程及触点要素界定表

体验阶段	临店阶段	在店阶段	离店阶段
品牌体验	店外品牌标识、广告	品牌讲解、品牌活动、品牌体验装置	网络社区、公众平台、官网品牌信息
产品体验	产品预览	产品参数、选配方案、产品实际体验	网络社区、公众平台、官网产品信息
服务体验	品牌店外导视、工作人员店外招揽	工作人员讲解、工作人员操作示范、工作人员引导消费者体验店内活动、引导休憩	工作人员回访、线上咨询服务、线下售后服务
环境体验	店面设计风格	空间参观动线、空间美学体验、休息区、互动区	线上云展厅、在社交媒体上进行空间展示

2. 消费者情绪色彩评分

对企业来说，商业空间内还有一个问题一直难以解决，即如何量化顾客的空间体验。业界常用的办法是发放用户调查问卷以及回访，但不同品牌、不同门店的情况不同，企业内部也缺少一套清晰、标准的评价体系对此进行评估。

上海交通大学设计趋势研究所团队尝试对该问题提出解决方案。我们基于美国心理学家卡罗尔·埃利斯·伊扎德（Carroll Ellis Izard）开发的 DES 情绪量表，对消费者体验感受进行指标量化。DES 情绪量表指出消费者情绪包含的三个维度，分别是惊喜、喜爱和愉悦。

惊喜是指消费者在环境中接触到新事物，产生好奇、新鲜、惊喜的情绪，这往往意味着该环境能够带来超越预期的优秀空间体验；喜爱是指消费者在商业空间的体验过程中获得了足够的满足感，进而形成一种价值认可，这促使消费者建立对该品牌的好感，并且显著提高了做出消费决策的可能性；愉悦是指空间中的环境、产品或服务能够满足消费者的期望，体验过程总体来说舒适愉快，这满足了一个商业空间的基本要求。但我们发现，由于诸多原因，现阶段市场中存在许多商业空间疏忽或轻视了用户体验的优化，消费者在参观商业空间之后反而会产生负面情绪。因此，上海交通大学设计趋势研究所团队在 DES 情绪量表的基础上补充了负面情绪的维度，形成了由我方建立的消费者情绪色彩评分标准表（见第 293 页）。新增的空白维度是指在商业空间中，因为商业空间在某触点或领域缺少布局，造成消费者的体验空

消费者情绪色彩评分标准表

分值	情绪维度	情绪维度说明
3	惊喜	消费者接触到新事物，产生好奇、新鲜、惊喜的情绪
2	喜爱	消费者通过与品牌的互动对品牌产生好感
1	愉悦	满足消费者的期望，带来舒适愉快的空间体验
0	空白	空间在某触点或领域缺少布局，消费者体验空白
-1	负面情绪	消费者产生了无聊、失望甚至厌恶等消极情绪

白；而负面情绪维度是指消费者在体验过程中产生了无聊、失望甚至厌恶等消极情绪，这意味着商业空间损害了消费者的品牌体验，对品牌造成了负面影响。

3. 商业空间用户体验综合分析工具

下页图是综合以上几个评价和消费者体验旅程，以及消费者情绪色彩评分标准，构建出的商业空间用户体验综合分析工具。该表的横向是用户体验旅程，纵向是品牌触点的分类，下面用于填写对每个体验阶段触点的描述和评分。

该工具可以对商业空间中的消费者行为触点进行分析拆解和专家评分。通过以上评分标准表，我们可以对消费者在旅程中产生的情绪进行记录、留存、批量分析，从而量化和评估消费者在商业空间中的真实体验。

	临店阶段							在店阶段										离店阶段				

品牌打分	×	×	×	×	×	×	×	×	×	×	×	×	×	×	×	×	×	×	×	×	总分 均分
产品打分	×	×	×	×	×	×	×	×	×	×	×	×	×	×	×	×	×	×	×	×	总分 均分
服务打分	×	×	×	×	×	×	×	×	×	×	×	×	×	×	×	×	×	×	×	×	总分 均分
汇总打分	×	×	×	×	×	×	×	×	×	×	×	×	×	×	×	×	×	×	×	×	总分

品牌体验

产品体验

服务体验

环境体验

用户旅程评分

打分标准：基于消费者情绪色彩评分标准表（3分~-1分）

商业空间用户体验综合分析工具

294

三、汽车城市展厅体验分析实例

　　上海交通大学设计趋势研究所团队在 2022 至 2023 年与某车企长期合作，针对汽车城市展厅与城市体验店涉及的消费者空间体验问题进行了深入研究。团队对中国一线城市40 家汽车城市展厅进行实地走访调研，以图片、访谈录音和心灵笔记的方式采集各展厅中的品牌触点表现，并将调研收集到的有效数据信息，利用商业空间用户体验综合分析工具进行了细致的分析。

　　在 40 家商业空间中，13 家传统汽车品牌展厅和 5 家新能源品牌展厅体验优秀，具有研究和借鉴价值。下面以商业空间的三个场景——临店入口场景、在店体验场景和品牌延展场景，对各汽车品牌的城市展厅与品牌体验店优秀案例进

用商业空间用户体验综合分析工具对40家汽车城市展厅的用户体验进行分析评估（部分内容）

行梳理和展示，它们对企业优化商业空间体验工作具有指导意义。

1. 临店入口场景实例

商业空间的临店入口场景是提升用户体验的关键环节之一，在消费者与品牌和商业空间产生深入互动之前，通过精心设计的入口场景吸引消费者眼球、激发消费者兴趣，就是为消费者进入品牌世界提前铺设一个视觉与情感的桥梁。

临店入口场景的品牌体验

商业空间外部及入口处的设计，如同品牌的第一声问候，需要传递出品牌的核心价值与文化内涵。在消费者进入空间之前，可以通过新颖的外墙设计或数字化装置吸引其注意力，侧重于引流；也可以将品牌 VI 与建筑空间融合，侧重于对外展示品牌调性与文化。这两种设计方向也可以同时考虑，融合品牌调性与文化展示，达到引流的效果，这便是优秀的展厅外部设计。

上海北外滩来福士的名爵汽车城市展厅，外墙使用醒目的品牌标识和色调，搭配强烈的视觉对比手法以及动态海报的应用，传达了名爵品牌年轻、时尚、潮流的定位。并且，这种设计极为吸睛，消费者即便处于距离展厅很远的位置，也能快速识别，感受到品牌的独特魅力。

中国新能源汽车品牌小鹏则在城市展厅门口用醒目的沟通性文案"你好，鹏友"，拉近与消费者的距离，展现品牌年轻与友好的特质，同时在外立面用数字装置播放有趣的文案、视频，制造与年轻消费者"打成一片"的亲和感受。小

上海北外滩来福
士的名爵汽车城
市展厅外部

鹏的这种展厅设计手法使消费者在进入空间之前，就能感受
到其品牌文化。

小鹏汽车城市展
厅外部

临店入口场景的产品体验

提升临店入口场景的产品体验，关键在于打造空间环境
的通透性并确保产品与空间内容的高透出率。

极星汽车通透的展厅外观设计能够有效吸引注意力、释
放产品魅力。其展厅统一的玻璃墙面采用精致细腻的黑色边
框，贴合北欧品牌极致理性的视觉印象。展厅内部透出率极

高，可有效吸引路过的行人进店。蔚来汽车的城市展厅也采用类似的设计手法，设计师用通透的玻璃立面有效削弱距离感，带来轻盈、友好、易触达的视觉感受，使来往行人不由自主地被其吸引，想一探究竟。

极星汽车（左）与蔚来汽车（右）的城市展厅外部

临店入口场景的服务体验

提升临店入口场景的服务体验，可以将服务触点前置。在消费者入店之前，通过低成本的方式让品牌或产品先广泛曝光，有效吸引目光，再配合人员服务对主要空间进行引流。

位于上海大宁音乐广场的奥迪都市店在展厅外部的步行街上设置了奥迪 BOX 快闪展台，并放置展车、品牌延伸物，配合工作人员和营销物料，进行消费者临店前的服务触点布设。

上海大宁音乐广场的奥迪BOX快闪展台

2. 在店体验场景实例

在店体验场景对消费者而言实际可分为两个体验层面，信息采集和互动体验。信息采集阶段是消费者对品牌和展厅内的产品产生基本感知和认知的阶段，企业需要在消费者信息采集阶段清晰地传达产品信息，建立起品牌的初印象。互动体验阶段是品牌加深与消费者联系的关键环节，消费者可以在空间内体验产品使用效果，形成使用感受，加深对品牌和产品的印象，从而提高他们做出消费决策的可能性。

在店体验场景的品牌体验

当消费者被门店外部环境吸引进入商业空间之时，品牌就得到了一个与消费者深入对话的机会。品牌可以通过商品的陈列、空间的布局设计，乃至空间的氛围营造，向消费者讲述品牌的故事与价值。

对于一个方兴未艾的新品牌来说，让消费者快速完成信息采集至关重要。我们是谁？我们提供什么类型的产品？我们的品牌给人一种什么感受？我们将会带给消费者哪些利益？品牌需要迅速且精准地完成品牌传达，在消费者的脑海里留下鲜明的差异化的第一印象。而已经拥有了一定市场认知度的品牌，则要抓住消费者进店的机会，加深消费者对品牌的印象，充分展示品牌魅力。

优化在店体验场景的品牌体验，可以围绕品牌基因和品牌个性打造商业空间。

例如，位于广州的法拉利广粤天地店展现了浓郁的品牌风格，空间内部巧妙地穿插了大量红色进行视觉节奏分割，配合低缓的交响音乐，打造高端优雅的环境体验。法拉利将豪华车队的风格带入展厅之中，令人血脉偾张的红色与赛车手元素，搭配酒台、真皮沙发和优雅的空间布局，使法拉利的贵族气质和竞赛文化贯穿整个展厅。

广州法拉利广粤天地店

位于上海中华艺术宫的宝马体验中心，在展厅入口处放置宝马首推的全新车型，展车背后是一面品牌价值观展示墙，将"驾趣""动感""创新"等品牌核心价值观突出展示，在消费者进入展厅伊始，便能够感受到浓郁的宝马品牌文化。再往里走，宝马体验中心将宝马品牌的发展史用生动的展示手法贯穿于参观动线中，运用图片、文字、视频和实际展车综合讲述品牌故事，体现出品牌文化历史的厚重感、经典感，以及品牌对于美好未来的愿景，在不侵扰参观者浏览路线的前提下，完成了品牌的自我叙述。

上海中华艺术宫的宝马体验中心

　　优化在店体验场景的品牌体验，也可以通过丰富的互动形式加深消费者对品牌的感受，例如，在空间内部设置可玩性高、可看性高和互动性强的元素，打造独特的品牌氛围感。

　　上海宝马 MINI 亚洲旗舰店用 MINI 的历史车型和潮牌联名打造了独特的品牌文化展区，为消费者讲述 MINI 潮流、趣味、个性的驾驶文化。上海宝马体验中心则设置了模拟驾驶体验区，参观者可以体验宝马汽车的驾驶感受，运用全新技术增强消费者与品牌互动的吸引力，为消费者提供全方位的品牌体验入口。

左：上海宝马 MINI亚洲旗舰店；右：上海宝马体验中心

　　优化在店体验场景的品牌体验，可以为目标消费者搭建理想的生活形态场景，通过场景化的形式增强参观者对品牌价值的认同感，促使他们成为品牌文化的传播者。

　　位于上海即墨路的法拉利展厅，为参观者搭建了一个异想天开的艺术空间。整个空间运用雕塑、美术和摄影作品对展品进行装饰，汽车展台配以光线和带有马蹄声的背景音乐，产品在空间中成了一件艺术品。这种方式既展现了超豪华品牌的极致审美，也让参观者对这种艺术化的生活形态产生了联想。在展厅中的参观宛若高雅的艺术享受，令人流连忘返。

而位于广州环贸天地的上汽奥迪旗舰体验中心则将露营场景搬进了空间内，与 SUV 车型联动展示，让消费者对购车后的用车场景产生想象。

左：上海即墨路的法拉利展厅；右：广州环贸天地的上汽奥迪旗舰体验中心

优化在店体验场景的品牌体验，可以打造品牌衍生品及衍生空间，进一步丰富消费者可感知的品牌内涵。

位于上海的上汽奥迪进取汇在展厅内设置了一个展柜，展示奥迪与足球俱乐部拜仁慕尼黑球队的各类联名产品，将球队卓越、进取、激情、正直的价值观与奥迪的品牌形象进行联动营销，进一步深化品牌的内涵和影响力。位于广州的广汽埃安体验中心展厅内专门预留了一片区域展示品牌周边的各类衍生品，包括品牌 IP 形象玩偶、周边文具、衣物和家电产品，意图用丰富的文创周边增强品牌的年轻感受，用

左：上海上汽奥迪进取汇展厅；右：广州广汽埃安体验中心展厅

不同的产品形态与消费者形成品牌沟通。

在店体验场景的产品体验

在商业空间内部，企业可以为消费者打造一个多感官、多角度深入了解其产品价值的平台。通过对产品陈列方式、展示形式的设计，以及对产品补充或延展信息的设施建设，品牌可以完成高效的信息传递，促进消费者对产品形成认知，并促成购买转化。

优化在店体验场景的产品体验，少不了对产品陈列方式和展示形式的精心设计。一个优秀的产品陈列与展示布局，能够增强消费者对产品价值的体验。

位于上海的蔚来 NIO 屋为其车型设计了一个非常新颖的产品展示环境。走进展厅内，迎面而来的巨大镜像穹顶划分出展厅的主体区域，镜像反射形成了"盗梦空间"般的效果，在带给参观者惊喜的同时，能够让参观者从各个角度观赏汽车的细节。如此设计产品展示空间，也体现出这个新兴品牌的产品颠覆了传统的设计理念。

优化在店体验场景的产品体验，也要在功能、利益、精神与审美三个层面促进品牌与消费者进行完整而有效的沟

上海的蔚来NIO
屋展厅主体区域

通，让参观者对产品信息采集的效果最大化。

上海的蔚来 NIO 屋通过视频和文案的方式，对不同产品的技术和参数进行深入展示，帮助参观者清晰地了解产品优势，并进行新兴技术推介，起到市场普及的作用。而上海永达外高桥的林肯中心在产品展示上更进一步，不仅通过配件的实物陈列和清晰的参数讲解完成了与消费者在功能层面的沟通，还辅以产品利益的描述，并强调了品牌的精神价值。如下图中呈现的林肯车辆配件展示墙完整地呈现了林肯汽车用的火花塞配件实物和参数，并配以抒情性文字，"想要尽情燃烧？加速有力，好时光一起燃"，表达该产品能给消费者带来的实际利益。整面展示墙用不同主题统领——所谓"传承之道"就是"以质表合一的出众表现，诠释林肯百年豪华大成"，不断强调林肯品牌高端的品质和极致的追求，加深消费者在品牌层面的认知与印象，可谓品牌、产品与消费者沟通案例的典范。

在走访过程中我们发现，部分汽车展厅的售车区域附近并没有提供任何产品信息的介绍，在工作人员不足的情况下，参观者难以获取足够的产品信息，这会削弱潜在消费者对产

左：上海蔚来
NIO屋产品展
示；右：上海
永达外高桥的
林肯中心产品
展示

品的价值感知。

在产品展示中，可以利用形式丰富的手段，全面、深入地展示产品优势，让参观者沉浸式体验产品的魅力。

例如，位于上海的智己 IM 展厅设立了特别的通感交互展厅，模拟车内音响和香氛装置带来的感官体验，打造了一个立体的、深入的车内感受体验场景，使参观者获得印象深刻、独一无二的浏览体验。

上海的智己IM展厅

在店体验场景的服务体验

前文提到，如今的商业空间已不再是单纯的产品展销窗口，而是品牌、产品、服务的综合展现平台。专业而亲切的服务，能够立体地呈现品牌价值观，成为品牌与消费者之间的情感纽带。

在本次研究中发现，传统汽车品牌展厅中的服务触点较为密集，服务流程更加成熟，但服务内容较为保守和老派。而新能源汽车品牌服务意识更强，他们会在展厅中融入更多的数字化形式，让消费者能够自由地在空间内部探索和体验。另外，新能源汽车品牌的展厅提供更加丰富多样的品牌互动和活动，打造品牌社群文化，将品牌与消费者生活融合，提供更好的服务体验。

优化在店体验场景的服务体验，应制定标准化、全链路的服务规范，为参观者打造舒适贴心的展厅体验。

企业需要建立标准化服务培训体系，确保每个驻店员工的专业性；设计一套涵盖服务全链路的员工行为规范，确保各环节的标准化执行；关注员工与视觉导览系统等引导性服务设施的建设，在体验过程中减少参观者空间转换的压力以及浏览过程的疲累。

保时捷的商业展厅对员工进行了严格培训，他们在展厅入口处提供贵宾式指引服务，在参观者进入展厅后进行产品详解，提供各种类型的专业服务支持，这离不开保时捷标准化的服务体系建设。名爵的品牌展厅则设有专员向参观者展示数字化内容，并引导参观者参与互动，确保参观者得到良好的服务体验。

左：保时捷的商业展厅入口处；右：名爵的品牌展厅

优化在店体验场景的服务体验，可以借助新技术、新的布展形式，增加参观者与空间的交互内容，在为参观者提供丰富体验的同时，减轻服务人员的工作压力。

　　上汽奥迪展厅内部设置了一系列媒体化互动装置，参观者可以自行体验这些新颖的交互形式，在这个过程中了解产品各项细节，无须服务人员全程陪同讲解，以此优化在店体验场景的服务体验，为消费者提供更全面的服务支持，打造亲和友好的品牌关系。

上汽奥迪展厅
内部

　　位于广州的广汽埃安体验中心展厅内设有专属的奶茶站点，提供年轻人喜爱的饮品，同时还作为定期活动场地，邀请流量博主前来品鉴饮品，促进品牌曝光。位于上海的上汽奥迪进取汇在展厅内设置了儿童区，在这个充满童趣的、安全的区域内，品牌可以提供儿童托管服务，给孩子们一个开心玩耍的空间，也方便父母更安心地浏览展车、完成提车手续等。

左：广州广汽埃安体验中心展厅内专属的奶茶站点
右：上海上汽奥迪进取汇展厅内设置的儿童区

在店体验场景的空间体验

优化在店体验场景的空间体验，优秀的美学定义能力是关键。

审美作为重要的情感化沟通方式，是品牌价值不可缺少的一部分。空间设计要在满足品牌规范的同时，运用灯光氛围、空间组合、道具陈设、装潢风格等室内设计手段，为消费者打造差异化的空间美学体验。如劳斯莱斯上海巨星展厅用奢华美的展厅内饰装潢，完美地体现了劳斯莱斯品牌的顶级价值。

优化在店体验场景的空间体验，要精心设计浏览动线，为参观者打造故事化的空间体验。

优秀的商业空间常常从整体出发，规划完整的展厅叙事逻辑，使消费者在参观过程中能够获得舒适的浏览节奏。此外，还可以设置沉浸式的故事性展区，一步一步调动参观者的情绪，营造引人入胜的浏览体验。

劳斯莱斯上海巨
星展厅

位于上海的宝马体验中心设计了优秀的展厅浏览逻辑。展厅展示内容丰富，浏览动线合理，展品主次分明。展厅内明暗空间转换，带来了富有节奏感的参观体验。每个核心展区渲染了不同的空间氛围，专注地讲述了不同的产品故事。疏密得当的流线安排和人性化的空间分区，带给参观者舒适

上海的宝马体验
中心

且丰富的空间体验。

3.品牌延展场景实例

品牌延展场景重点关注消费者在离开空间之时，商业空间送别消费者的服务方式，以及消费者在离开空间之后，品牌如何与消费者保持长期联系。针对品牌延展场景进行精心的体验设计，能够有效巩固消费者的品牌记忆，提升品牌好感度，甚至可以成为品牌加深与消费者联系的至关重要的环节。

优化品牌延展场景，应合理设置送别服务，体现品牌的温度和对客户的尊重。

例如，豪华汽车品牌的展厅普遍制定了标准化的送别服务流程，体现出品牌的礼仪和服务的专业度。

优化品牌延展场景，应积极布局到店顾客的线上转化，并依托线上平台与顾客保持品牌联系。线下展厅是一个将消费者引流至线上的机会点，企业通过设置线下平台与线上平台的转化机制，能够有效利用线下的转化接口，实现线上用户引流。在完成线上引流后，应与消费者保持联系，如进行品牌回访，寻求评价与建议，或定期推送品牌活动，寻求与顾客再次建立联系的机会。

优化品牌延展场景，可以进一步拓展服务思维和服务领域，为消费者提供多方面的延伸性服务。

位于上海的蔚来 NIO 屋提供丰富多样的车主特色软性服务，如专属图书馆、咖啡厅、儿童空间、会议室和活动室，并向车主开放空间租赁服务，日常还会在展厅中组织活动，如定期的车主活动日，邀请车主参与读书会、现场 DIY 等趣味社交活动。通过商业空间提供延展活动，极大地增强了用户的品牌黏性，使蔚来品牌的服务美誉度远超同行，并助益了产品销量的提升。

上海的蔚来NIO屋商业空间

Chapter Twelve

第十二章
品牌传媒体验

-1-

第一节
品牌传媒的沟通原理

一、品牌传媒体验的定义

品牌传媒体验是指企业以品牌的核心价值观为中心，在品牌识别的整体框架下，通过各种类型的传媒渠道，将企业的品牌形象与产品价值传递给目标消费者，并使消费者感知、记忆和认同该品牌形象的过程。构建良好的品牌传媒体验有助于企业以品牌为手段，输出品牌价值观与文化，持续、长久地与目标消费者进行沟通和交流，加深彼此的理解与信任，不断积累品牌资产。

在新的时代背景下，数字技术几乎重塑了整个传媒行业，品牌传播能依托的传媒渠道已展现出前所未有的多样性。这种多样性体现在信息渠道的丰富性上，从比较传统的电视广告、印刷媒体，到如今的互联网、社交媒体、移动应用等数字平台，甚至还包括 VR 和 AR 等新兴技术。随着媒介手段的拓宽，不同渠道的信息承载能力也大大增强。过去，报纸、书刊上，只能用平面化的图形、图片展示品牌，而如今，依托数字媒体甚至沉浸式虚拟现实技术，品牌想要传递的信息可以多维度、全方位地展现在消费者面前。这种全方位的品牌传媒体验过程不仅是信息的传递，更重要的是创造与消费者之间的情感连接和互动体验。

二、品牌传播的原理

为深入了解品牌传媒在传播过程中的各个影响要素，以及它们如何影响消费者的传媒体验，我们需要借助传播学研究成果来进行深入研究。

"传播"一词起源于14世纪，《韦氏新国际词典》（*Webster's New International Dictionary*）将其定义为"人与人之间通过符号、标识或行为的通用系统交换信息的过程"。传播的历史可追溯到有文字记载之前，随着人类传媒技术的不断进化升级，回顾历史可以看到，人类的传播活动基本经历了以下六个阶段：身体语言传播、语言传播、文字传播、印刷传播、电子媒体传播、数字媒体传播。

20世纪20年代以来，西方传播学研究中出现了多种观点与研究方法。总体而言，早期传播学突出传播中的单向线性模式，而20世纪50年代后，传播学开始强调信息传播的双向循环特性。

1.5W 模式

1948年，美国著名传播学家哈罗德·拉斯韦尔（Harold Lasswell）在其著作《社会传播的结构与功能》（*The Structure and Function of Communication in Society*）中首次提出了构成传播过程的五种基本要素：谁——内容的生产者（Who）、内容——内容生产者说了什么（Says What）、渠道——内容通过什么渠道传播（In Which Channel）、受众——谁接收到了内容（To Whom）、效果——内容传播后取得了什么效果（With What Effect）。

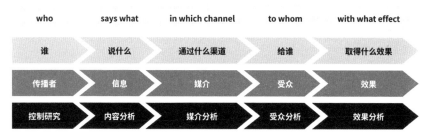

构成传播过程的五种基本要素

这五种要素构成了传播学研究的五个基本内容，即传播者、信息、媒介、受众及效果。拉斯韦尔的理论具有极强的概括性，但并没有考虑到接收者的反馈和信息传播的环境因素。

2. 香农 - 韦弗模式

1949 年，美国的两位信息学者克劳德·香农（Claude Shannon）和沃伦·韦弗（Warren Weaver）在《传播的数学理论》（*A Mathematical Theory of Communication*）一书中首次提出香农 - 韦弗模式，又称为"传播过程的数学模式"。

在这个模式中，传播被描述为一种直线性的单向过程，包括信息源、发射器、信道、接收器、信息接受者、噪声六个因素，这里的发射器和接收器起到了编码和解码的功能。

它的第一个环节是信息源，由信息源发出信息，再由发射器将信息转为可以传送的信号，经过信道传输，由接收器把接收到的信号还原为信息，将之传递给信息接受者。在这个过程中，信息可能受到噪声的干扰，产生衰减和失真。例如，在收看广播电视节目时，天线接收功能不好，电视信号弱而造成图像不清晰；教室里光线过强，影响了显示在屏幕上的投影图像的清晰度；教室外过道上的谈话声过大，影响了课堂的教学授课及学生听讲等，这些都可以看作噪声的影响。

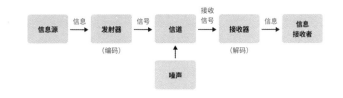

香农-韦弗模型

香农－韦弗模型的提出为传媒学带来了新的视角。这个模型不仅考虑了信息的发送者和接收者，还引入了信息的编码、解码，以及在传播过程中可能出现的噪声。这个模型虽然是为了解决通信技术问题而设计的，但后来被广泛应用于人际沟通和大众传播领域，对理解信息的传递和接收过程有重要意义。

3. 奥斯古德－施拉姆循环模式

奥斯古德－施拉姆循环模型进一步强调了沟通过程中的交互性和动态性。1954 年，美国传播学之父威尔伯·施拉姆（Wilbur Schramm）根据美国心理学家查尔斯·埃杰顿·奥斯古德（Charles Egerton Osgood）提出的在人际传播的活动中，参与者既是信息的发送者，又是接收者的理论，总结出了传播的三个模式。而后来的学者认为施拉姆提出的第三个传播模式——循环模式，最具有新意和代表性，并将其归功于奥斯古德和施拉姆两人，称之为"奥斯古德－施拉姆循环模式"。

奥斯古德－施拉姆循环模式是控制论模式的代表，是一个高度循环模式。它改变了传播理论中线性模式的单向直线性，突出了传播过程的双向循环性，强调传受双方的相互转化，并且引入了"反馈"的机制，认为信息会产生反馈，并为传播双方所共享。

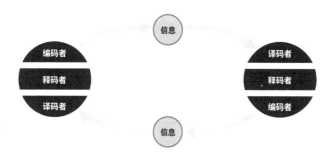

奥斯古德-施拉姆
循环模式

根据奥斯古德－施拉姆循环模式，传播双方都是主体，并且相互作用。该模式的重点不在于分析传播渠道中的各个环节，而在于解析传播双方的角色功能。参与传播过程的每一方在不同的阶段都依次扮演译码者、释码者和编码者的角色,并相互交替。奥斯古德－施拉姆循环模式的创造性在于，它不仅包含了信息的发送者和接收者，还强调了信息反馈的重要性，认为沟通是一个循环的、双向的过程。这种理念能够更客观、更准确地反映现实的传播过程，特别适用于人际传播。

综上所述，这些传播学模型的发展反映了沟通过程的不断深化和复杂化。传播学从简单的单方向传播模型，转变为更加重视交互和反馈的过程的双向传播。在现代社会，这种转变尤为明显。企业和消费者之间的沟通已经不再是单向的信息传播，企业不仅需要传达信息给消费者，还需要倾听消费者的声音，这是一个双向的、动态的交互过程。

我们可以根据奥斯古德 – 施拉姆循环模式，将品牌的传媒体验过程简化为下图中的两个模型。

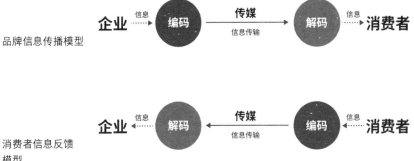

品牌信息传播模型

消费者信息反馈
模型

企业依托品牌将信息进行编码，通过传媒进行信息传输，到达消费者端后，消费者会对品牌信息进行解码，这个过程决定了品牌信息传达的有效性和影响力。而互联网技术的信息传递便利性，使消费者能够把自己接收到的品牌信息转化为个人观点与感受，并进行再编码，依托互联网传媒传播。如此一来，企业有机会通过新的传媒形式获取来自消费者的信息，解码消费者的反馈信息，进行市场沟通，从而不断调整品牌与产品策略。

4. 品牌传媒与消费者沟通的三个层次

新的技术解决了信息到达与交互的问题，那么对企业来说，信息本身的价值与品位问题，才是在消费者日常信息过载的情况下迫切需要解决的。只有具有内容价值、满足消费者品位追求的信息，才能为品牌带来长期的正面效益。

上海交通大学设计趋势研究所搭建的品牌与消费者沟通的三个层次模型（见本书第 77 页）能够从产品功能、产品利益，以及品牌精神与审美层面，为企业传媒的内容传播提供指导意义。

从传媒体验的视角来看，品牌与消费者沟通的三个层次模型解释了打造高价值传媒需要关注的三方面信息要素。

从基础层面来说，企业与消费者沟通时，需要清晰地介绍产品的功能信息，把晦涩难懂的专业术语进行通俗化转译，并将关键的功能信息进行前置展示。比如，吸尘器的广告常常会把产品吸力的具体参数展示在最醒目的位置，因为衡量吸尘器性能的关键指标就是吸力参数，高吸力意味着更有效的清洁能力，所以，在广告中清晰标注"22 000 Pa"等参数，比只展示产品图片更有吸引力。

进阶一步，企业与消费者进行沟通时，需要有效地呈现产品对消费者的利益价值。在激烈的市场竞争环境下，单纯提供产品的功能参数可能已无法充分激发消费者的购买兴趣，因为消费者在购买产品时不仅关注产品的功能参数，更关注这些功能如何实际改善或增强他们的生活体验。因此，将产品功能与消费者的实际需求和期望连接起来，激发消费者拥有和使用产品的想象，更有可能促成购买行为。在与消费者利益沟通方面，美妆行业可谓高手如云。美妆企业深知，对消费者来说，化妆品内含有的烟酰胺、α-羟基酸（AHA）、透明质酸等化学成分的专业名称太令人费解，因此即便大费周章详细介绍成分功能，也不如广告中"轻轻一抹，眼尾纹路去无踪"的效果展示更易击中人心。这就是企业与消费者进行利益层面沟通的神奇魔力。

对于具有强大影响力的品牌来说，企业与消费者在精神层面进行品牌价值观和审美的沟通是必须掌握的顶级技能。这种沟通不仅是关于产品本身的特性和功能，更是关于一种价值观、一种生活态度，这样的情感联系远远超越了单纯的产品交易。品牌沟通是基于共同的信念和价值观，企业通过有效地传递自己品牌的价值观和审美观，能够与消费者建立更深层次的情感联系，进而培养忠诚的顾客群体，这是建立品牌影响力和巩固市场地位的必经之路。户外运动装备公司巴塔哥尼亚（Patagonia）是品牌沟通领域的优秀践行者。巴塔哥尼亚的广告和营销策略重点从不在于推销其高质量的产品，而是传达一种生活方式和价值观。他们的广告往往展示户外运动的美丽场景和探险精神，强调与自然和谐共存的重要性。公司的著名广告语"不买你不需要的东西"（Don't Buy What You Don't Need），反映了其反对消费主义的态度，鼓励消费者做出更加环保和可持续的选择。巴塔哥尼亚通过其强烈的品牌价值观和审美观，吸引了全球的高知群体与精英群体为其买单。巴塔哥尼亚的消费者往往认可其品牌自然、可持续的生活理念，将穿着其产品作为自我价值观的一种外在展现。巴塔哥尼亚通过品牌的有效沟通，成功地从小众的户外装备领域走向大众消费市场，在全球拥有强大的影响力。

-2-

第二节
品牌传媒体验的构建

一、品牌传媒构建方法

技术的发展使传媒渠道极大丰富，这为企业提供了前所未有的机会。企业需要了解各种传媒渠道的特性，有序地组织起不同的传媒渠道，通过多样化的方式向消费者传递信息，并与消费者建立起更为及时和密切的互动。同时，也要认识到，面对众多的传媒渠道和日益挑剔的消费者，如何通过这些渠道精准、高效地传播品牌内容，也是企业必须重视和学习的一门学问。

1. 传媒渠道的构建方法

互联网媒介从公域走向私域的现象，是近年来随着互联网技术从新兴期进入成熟期，且用户行为发生变化而逐渐显现的趋势。在构建传媒渠道时，越来越多的企业开始运用"公域引流、私域深耕"的方法，并在实践过程中取得了良好的市场反馈。那么，"公域"和"私域"的概念具体是指什么？

公域是指企业无法直接掌控和管理的市场环境和渠道，包括搜索引擎（如百度）、社交媒体（如抖音、快手）、第三方网站等。在公域中，企业需要通过搜索引擎优化（SEO）、社交媒体建设、广告投放等手段来吸引用户，提高曝光度。与私域相比，公域的可控性较低，企业对用户数据和沟通渠道的掌控程度较小，但通过在公域的活动可以扩大企业的知名度和曝光度，吸引更多潜在用户。公域渠道在创建初期会有一些流量红利，获取流量的成本相对较低。但随着平台走向成熟期，流量成本会越来越高，最终，对于企业而言，公域会变成一个收取"过路费"的平台。

　　私域指的是企业拥有和控制的用户数据平台和沟通渠道，通常包括了企业自身的客户群体。私域渠道包括企业的官方网站、小程序商城、公众号、微信群、企业或个人微信等。相对公域流量，运营私域平台的流量成本相较低廉，在私域渠道上，企业理论上可以在任意时间、以任意频次直接触达顾客。对很多企业来说，私域渠道是公域渠道的必要补充。

公域与私域渠道

　　构建私域渠道对企业而言，最直接的优势就是可以节省复购顾客的渠道费用，提升企业的利润水平。同时，通过私域渠道与顾客有效沟通，还能防止顾客流失，建立品牌与消费者之间的情感联系。当复购顾客认可品牌的价值，他们还能成为品牌与产品的推广人员，凭借顾客的人际链条实现裂变销售，扩大客户规模。此外，沉淀下来的用户数据中也可以挖掘更多商业价值。严格来说，私域流量不是一种工具，而是一种机制、一种思维方式，是一套综合的运营体系。

从公域引流，构建私域渠道、运营私域关系的方法已逐渐成熟。企业应该运用广泛的公域渠道，做好预算规划，完成品牌与产品曝光，精准触及目标客户。掌握公域渠道的规则，将潜在可留存的流量尽量引导汇聚到私域渠道中。在私域渠道，品牌可以建立社群，并为顾客策划丰富的互动活动，提升用户互动率。品牌要抓住私域渠道的易触达属性，发布精细化处理的运营信息，持续为顾客带来价值，提升顾客的品牌信任度；还可以设置正向反馈机制，沉淀用户的行为成本，通过积分、会员等形式加强顾客忠诚度，并激励顾客传播品牌。

Babycare

Babycare 是近年来快速崛起的全品类泛母婴企业，成立短短六年内，就实现了超 50 亿元的销售额，更是凭借优秀的私域运营，从一众母婴品牌中脱颖而出。

Babycare 在公域渠道拥有不可小觑的影响力，目前在全渠道共拥有 4500 万用户，包括 1000 万会员、400 万私域用户，天猫官方旗舰店粉丝数量超过 1700 万，并在公众号、抖音、微博、小红书等平台布设私域流量池，为扩大品牌声量，帮

Babycare

助品牌覆盖更多潜在消费者夯实了基础。

　　母婴行业具有明显的高复购、高分享的特征，是最适合做私域运营的行业之一。Babycare抓住了这一点，积极运营社群，将社群作为自己私域营销的主阵地。具体来说，Babycare先从众多公域渠道将流量引入微信客服账号，由Babycare设置的品牌体验官账号进行用户接待，品牌体验官的角色定位是产品的一线体验者和产品客服。用户一进入Babycare的私域，即可获得新人折扣。后续当用户购买的产品出现问题时，也可以随时找到体验官接入售后服务。品牌体验官每一至三天会更新一条朋友圈内容，主要包括新品介绍、产品种草、最新优惠活动分享等。一般来说，在用户与品牌体验官建立联系后，品牌体验官会建立微信社群，并在群内定时更新社群专属福利，也会引导用户主动在社群内交流育儿知识和产品使用经验，为广大父母搭建一个交流的平台。

　　仅依靠产品的出众和细致的社群运营，想要从巨头林立的母婴行业中突围还远远不够，Babycare选择从情感和体验切入，最大限度地拉近与用户的距离。如前面提到的品牌体验官招募，只要用户家中有宝宝，并对母婴产品具有一定了解，能够为品牌研发提供建议，即有机会成为品牌的体验官。品牌体验官每年可以获得不少于3件或者不低于1000元的免费新品试用资格、收获品牌积分、参加线下沙龙。除了极具诱惑力的福利，Babycare还会为用户颁发品牌体验官专属证书，在荣誉的加持下，用户也更愿意参与品牌共创。Babycare还在公众号中开设"妈妈故事专栏"，收集妈妈群体背后的故事，再将收集到的感人故事整理成短视频呈现给大众，通过用户的内容共创加强情感连接。同时，Babycare在私域领域为家长提供了细致入微的"附加服务"。品牌会针对不同怀孕阶段的准妈妈做有针对性的社群运营，除了每周在社群中进行专家直播外，还配备了专业的育婴师为家长做一对一育儿答疑，这些举措极大地增强了用户对品牌的信任感和亲近感,购买Babycare的产品也成为自然而然的选择。

Babycare依靠在私域渠道上独到的运营秘诀，为品牌带来了巨大的商业成功，私域用户的复购率超50%，品牌长居主流网购平台母婴品类的销量榜首。

2. 传媒内容的构建方法

前文已经介绍了上海交通大学设计趋势研究所搭建的品牌与消费者沟通的三个层次模型，建议企业在构建传媒内容时，首先要精确表达产品的功能特性，并向消费者推介使用产品能获得的利益，还需要通过连贯的传媒策略，持续传递品牌的精神与审美价值。

在经历多个实际商业项目的研究之后，我们发现，技巧高超的企业传播的信息具有鲜明的层次性，而层次性的背后

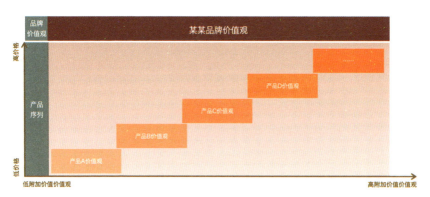

构建传媒内容的品牌与产品价值观模型

是对传播内容巧妙的逻辑安排。这些企业在构建传播内容时，往往使用构建传媒内容的品牌与产品价值观模型，它是品牌与消费者沟通的三个层次模型的一种演进。

　　对于一个善于传播、善于与消费者沟通的企业来说，宣传层面应该以品牌价值观作为核心引领，品牌旗下的产品价值观应该包含于品牌价值观之内，并且，企业有必要对品牌核心价值观进行拆解，这样才能让品牌在精神层面的宣言逐步落地至产品与服务层面，完成由虚向实的转换，同时，也避免品牌价值观流于空洞的表面，真正被消费者感知。而品牌旗下不同价格层次的产品线，在准确传达功能参数与使用价值的同时，也应当清晰地展现产品价值观。展现产品价值观，除了能够丰富品牌价值观的内涵、增强消费者的品牌体验与品牌印象、不断积累品牌资产之外，还是产品线筑牢产品价格序列的主要依据。

　　根据本书第二章提及的斜向差异化方法，产品可以在横向差异化层面，将产品线价值观以从低附加价值到高附加价值为基准拉开，为消费者购买不同价格序列的产品提供意义支撑。而产品价值观又需要囊括在品牌价值观之内，由品牌价值观引领，以此实现品牌与产品在对外沟通层面互相促进的正向循环。

雷克萨斯（LEXUS）

雷克萨斯是丰田汽车旗下的高端子品牌，其品牌自述为"豪华生活方式品牌"。雷克萨斯拥有丰富的品牌价值观体系，这些价值观共同组成了一个高附加价值价值观区域。在雷克萨斯官网中，品牌官方突出了"尖端""科技"及"匠心"三个高附加价值价值观作为品牌的主要价值观，并对品牌价值观进行了相应的拆解——"匠心"对应精细的制造工艺，"尖端"对应先锋的开发理念，"科技"对应不断追求的技术突破。

品牌理念

LEXUS雷克萨斯致力于成为一个真正的豪华生活方式品牌，融合尖端科技和匠心工艺，为用户提供超越期待的体验。

雷克萨斯品牌理念

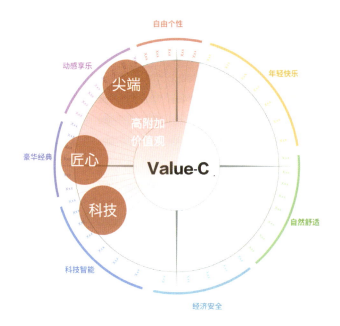

雷克萨斯Value-C价值观定位

这种价值观细分和详解有效地使品牌理念与产品企划思路形成了联结。

对雷克萨斯的产品线进行梳理后，我们可以发现，雷克萨斯品牌价值观统领着所有产品线价值观，指导着不同产品的价值观表述。雷克萨斯旗下的不同车型的价格区间划分明晰，各产品以其占据的售价区间为基准，价值观从低附加价值至高附加价值层层递进，并被品牌的核心价值观统领。

例如，雷克萨斯轿车产品线拥有三款产品——LC、LS及ES，它们分别对标品牌旗舰型、进阶型及入门型轿车的战略市场。

LC 车型传承了品牌理念中的"F 高性能系列"精神，即尖端科技带来的酣畅驾控快感，应用了雷克萨斯最前卫的品牌设计理念、汽车技术配置及制造工艺，是品牌"尖端"理念在产品中最极致的体现。

LS 车型定位为进阶豪华款产品，可谓雷克萨斯品牌创始的经典之作。1989 年，第一代雷克萨斯的首款车型 LS400 在美国底特律车展亮相，惊艳四座，配合雷克萨斯的首部电视广告"Balance"（平衡），在美国市场一鸣惊人。广告中，身着一袭黑色西装的男士屏气凝神，在一辆雷克萨斯 LS400 的发动机罩盖上用 15 个剔透的香槟杯搭出一座迷你金字塔。随着发动机转速飙升，车速直逼 240 公里每时。镜头逐渐拉开，车速到达了极限，但香槟杯金字塔仍岿然不动，这种巧妙而直观的视觉表现手法，向全世界证明了雷克萨斯 LS 的极致舒适性。自此，雷克萨斯品牌的豪华定位被有效确立。

针对中低端产品市场，品牌将 LS 的相关舒适配置进行精简，将部分技术下放给了入门级产品 ES，ES 车型拥有优雅流畅的车身姿态和平顺的底盘质感，带给乘车人以从容、优雅的驾驶感受。配合先进的混动技术，雷克萨斯将环保理念与社会责任联系在一起，定义了一种崇尚节约与责任感的豪华品牌精神。

从雷克萨斯的产品线布局就能看出，从"自成新派"的 ES，到"光而不耀"的 LS，再到"探享豪华新艺术"的 LC，雷克萨斯旗下的产品价值观层层递进。ES 的"从容"、LS 的"享受"、LC 的"前卫"，均能够被品牌"尖端""匠心""科

雷克萨斯轿车产品线梳理

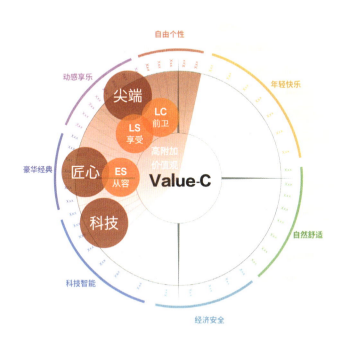

雷克萨斯轿车产品线Value-C价值观定位

技"的核心价值观包容于内。而不同产品的价值观又反向丰富着品牌的内涵，使雷克萨斯品牌成功地在消费者心中塑造了一个立体而多元的品牌形象和定位。

雷克萨斯的高超沟通技巧除了体现在"品牌至产品"的这条沟通路径上，还体现在产品本身的沟通技巧上。通过在"功能—利益—精神与审美"三个层次上与消费者进行有效的沟通，雷克萨斯旗下的每个车型都被赋予了打动人心的卖点，各个层次的消费者都能感受到它们的魅力。

雷克萨斯是怎么做到的呢？其实，雷克萨斯在介绍不同车型的配置时，首先，它会用一句体现品牌"精神与审美"层次的总述进行引领性叙述，引导消费者对某一功能的特性有一个综合的先导感知；然后，再介绍这一功能具体能为消费者带来什么好处，即完成"利益"层次的沟通；最后，才列举参数数据等，叙述"功能"层次的技术特性信息。

这里用一个具体案例加以说明。在雷克萨斯 RX 车型的官网表述中，品牌首先阐述了该车型的核心精神理念，"是人与车的互动，更是心底的共鸣。每一次行进，皆可自在随心"，带给消费者一个该车型功能的先导印象。接下来，围绕该车型功能，解释此配置中为消费者提供的利益点，"为每一种路况，匹配相应的工况模式，让驾驭随心而变"。最后，给予二级信息入口，具体展示该车型配置内容，包括 GA-K 平台和多重驱动模式的技术参数与使用方法。至此，雷克萨斯 RX 车型在三个层次的信息沟通，不管是功能参数，还是价值利益，甚至精神层面的同频共振，都能够说服消费者认

雷克萨斯RX车型官网消费者沟通全内容梳理

雷克萨斯RX车型官网的消费者沟通拆解

同其产品和品牌的价值。

通过成熟的品牌与产品线的价值观布局，结合品牌与产品带给消费者的切实体验，雷克萨斯在消费者心中逐步建立了强烈的认同感，这让雷克萨斯品牌成了一种对豪华生活方式的承诺。

构建卓有成效的多层次沟通体验，其效益是显而易见的。雷克萨斯同一车型，如果选用不同的能源形式，售价会有明显的差异。如ES车型的汽油版本售价区间为20万～30万元，而油电混合版本的售价区间则为 30 万~ 40 万元，同一车型的不同能源版本差价可达 10 万~ 20 万元，并在汽车展厅中同台销售，足以说明雷克萨斯的品牌价值。消费者在走进线下体验店，面对相邻陈列的燃油车型和混动车型时，雷克萨斯凭借对品牌价值观和技术实力的有效传递，能够让消费者感受到高价位混动车型的优势之处，从而欣然购买。

相比之下，国内一些自主汽车品牌正在面临品牌定位与价值观传达不足的挑战。一如雷克萨斯展厅出现的场景，对一些自主汽车品牌来说，同一产品线、不同能源类型的车型如果在售价上有所差异，并放置在同一展厅销售，是非常不利于高价版本的车型售出的。比如，受制于电池成本，同一种车型的纯电或混合动力版本的售价往往高于纯燃油版。如果将这些车型版本一同展出售卖，消费者往往会直接忽视同一车型不同能源属性的技术优势，而择其低价者购之。这种尴尬的境遇迫使一些汽车企业不断推出子品牌，或开设新品牌，分散销售，从而提升消费者认可其产品的可能性。

这种情况的出现，究其原因，其一是部分中国汽车品牌尚未认识到确立清晰的品牌定位与品牌价值观的重要性，其品牌形象往往是以产品形象堆砌而来的，缺少统领品牌与产品的核心价值观；其二是这些企业在传媒沟通上能力仍有不足，或许这些品牌确实具有品牌的核心价值观，但如何通过"功能—利益—精神与审美"三个层次的沟通，将品牌核心价值观层层传递，清晰地讲述给消费者，是这些企业面临的课题。

二、品牌传媒沟通结果的验证

在回顾传统媒体的发展史时，不得不提到纸媒、广播和电视这些曾经主宰信息传播的巨头。它们在各自的黄金时代里，是公众获取信息的重要途径。然而，这些传统媒体在信息传播效果的验证上却显得力不从心。正如美国百货商店之父约翰·沃纳梅克（John Wanamaker）形容的那样："我知道我的广告费有 50% 是浪费的，但我不知道是哪一半。"这句话深刻地揭示了一个问题：在传统媒体时代，广告商和企业主无法精准地了解他们投放的广告到底有多大实际效果。

然而，随着数字化时代的到来，线上广告的投放数量急速增长，一切正在拨云见日。利用数字化传媒，企业验证其发布信息的到达性和有效性已经变得可行，这为企业提供了多种手段来衡量和优化广告传播的效果。

下面介绍品牌传媒沟通结果验证的两种方法：路径有效性验证与内容有效性验证。

路径有效性验证可以帮助企业了解发布的传媒信息是否被目标消费者接收，消费者对信息的态度反馈如何，以及信息是否切实促成了销售和潜在销售效果。路径有效性验证侧重于产品端和销售端。但涉及不直接与销售结果挂钩的品牌端传播时，企业更关注的是内容认知程度与影响力的构建。这时，仅依靠路径有效性验证是不够的，品牌还需要通过内容有效性验证来检测品牌与消费者在认知和精神层面的互动效果是否达到目标，同时监测消费者对品牌的感受与品牌官方宣传之间是否存在认知错配。内容有效性验证能够在更宏观、更长远的层面帮助品牌调整沟通内容，甚至指导企业进行产品企划。正确使用两种传媒有效性验证方法，对企业的良性发展具有巨大意义。

1. 路径有效性验证

互联网技术让信息传播变得越来越便捷和高效，企业可以直接通过信息传播的路径，采集信息渠道中用户与品牌互动留存的各种数据，并通过分析这些数据，验证信息推介的路径有效性。这种验证方法在企业中已经广泛普及，市场上也有许多服务商提供信息采集和数据分析的服务，帮助企业更好地了解广告传播的效果，并指导企业对营销方法进行动态调整。

现阶段，企业可以通过以下几个效果监测指标来验证信息传播的路径有效性。

流量指标

曝光数：指在某一网站的指定时间周期内广告被展现的总次数。但仅统计曝光数无法衡量用户是否真正看到了广告，比如，用户浏览页面时的滚动速度等因素会影响广告的可见性。因此，可见曝光数这一指标应运而生。一般来说，广告监测机构认为，网页端图片广告 50% 像素被展示且时间超过 1 秒，或视频广告 50% 像素被展示且时间超过 2 秒，即可算作可见曝光。这一指标考虑了页面浏览速度对广告数据的影响。如今，另一种曝光指数也被广泛应用，即独立曝光，它是对曝光数进行去重，以浏览人为中心进行计算的。广告的曝光数与独立曝光的比值是简单识别广告是否作弊的方式之一，如比值过大，则认为可能存在异常流量。

点击率：这一指标通过用户对营销内容入口的点击数来检测用户对某一广告是否产生兴趣。该数据常常和广告投放的目标精准程度、广告创意的优劣有关。通过监测这一指标，企业能够及时调整传播人群的投放策略，并不断优化广告内容。点击率与曝光数通常为正相关，要想提升点击率，前置的曝光数必须充足。

页面浏览量（PV）：指某一网站或页面的总体用户访问量。相同的访客有可能多次访问同一个网站或页面。

独立访问量（UV）：指在同一个时间段内第一次进入该网站的用户数量，以用户使用的 IP 地址为计数标准。一个网站或页面的独立访问量越多，说明营销推广越有成效，因此，独立访问量是网页时代最有说服力的评价指标之一。

互动指标

跳失率：指访客进入网站后没有进行任何点击就直接离开的比例，用来衡量网站吸引力和留住访客的能力。

二跳率：这一指标是指访客在浏览了入口页面后，点击至少一个链接访问其他页面再离开的比例，用来评估入口页面的引导效果。

访问深度（PV/V）：指用户每次访问期间浏览的页面数（页面浏览量 PV）与访问次数（访问量 V）的比值，用来衡量访客对网站内容的兴趣程度和参与度。

个性化互动指标：指根据用户的兴趣和行为特征，对网站内容或广告进行个性化展示，并通过用户的反馈和互动行为来衡量的效果指标。

转化指标

销售类转化指标

线下到店数：指消费者亲自到实体店铺的次数，用来衡量实体店铺的吸引力和市场影响力。

线上下单及完成购买的订单数：指在网上商城或电商平台上，消费者成功下单并完成购买的订单总数，用以衡量电商平台的销售业绩和市场表现。

应用类转化指标

下载量：指应用程序（如手机 App）被用户下载的次数，用来衡量应用程序的受欢迎程度和市场覆盖范围。

激活量：指用户安装并首次成功打开应用程序的次数，用来衡量应用程序实际被使用的有效性。

注册量：指用户在应用程序或网站中完成注册过程的次数，用来衡量应用程序或网站吸引新用户的能力。

用户留存：指在一定时间内，用户继续使用应用程序的比例，通常用来衡量应用程序或服务对用户的吸引力和黏性。

用户 App 内购买：指用户在应用程序内部进行的购买行为，包括购买虚拟物品、订阅服务等，用来衡量应用程序的盈利能力和用户的付费意愿。

除此之外，还有很多其他指标可以用于各种类型的数据分析，这些指标是判断广告是否有效的重要参考，也是进一步优化营销策略的依据。

　　如今，许多互联网平台以及第三方数据分析公司都能为企业提供实时、多样的信息抓取与数据验证服务。下图展示的是新红数据为兰蔻公司进行的营销数据分析。新红数据是基于国内网络分享平台小红书，为企业提供小红书平台营销数据的抓取、分析和可视化服务，并分析全网热门内容，预判广告投放趋势，提出广告投放策略。

新红数据为兰蔻公司提供的营销数据分析

　　这些数据分析平台为企业带来了切实的好处，它们能够实时追踪和分析海量数据，帮助企业快速捕捉市场动态和用户行为变化。通过对大数据的深入分析和趋势预判，企业可以更有效地分配营销预算，避免不必要的开支，将资源集中在最有可能产生回报的领域。

　　互联网将其平台上产生过的一切用户行为数据留存在电子空间中，这些数据包括用户的浏览历史、购买记录、搜索习惯、评价反馈等，企业可以通过大数据分析产生用户画像。

下图展示的是某企业基于数据形成的用户画像，其画像形成的核心在于对大量用户信息进行标签化处理。

以阿里电商为例，该平台通过收集阿里平台的用户数据，以如下分类标准构建电子用户画像。

基于数据形成的
用户画像

这类用户画像通常包括以下数据标签，用来描述不同用户类群的差异化信息。

用户的性别、年龄、地域。用户行为类标签：描述某用户近 30 日访问次数、近 30 日客单价等。用户消费类标签：估算用户收入状况、分析已购商品等手段，为用户购买力打分。商品品类标签：描述某类用户喜爱购物的类型，包括衣、食、住、行几大分类。社交类标签：描述用户线上购物的活跃时间段、活跃地点等。

这些数据形成了一个个用户标签，对标签信息进一步聚类就能形成某一类群的用户画像，并为企业了解其顾客与潜在顾客提供依据。

然而，我们也必须认识到，这种基于数据构建的用户画像并非完美无瑕。由于评价标准的不统一和信息维度的复杂性，用户画像可能无法完全准确地反映用户的真实需求和行为。更重要的是，这种方法缺乏前瞻性，它只能基于过去的数据进行分析，对于预测市场的未来走势和产品的长远规划而言，其指导意义有限。因此，尽管用户画像在提供洞察方面具有不可替代的价值，但在实际应用中，我们还需要结合实时市场动态和长期发展趋势，采用更全面、更灵活的分析方法，以确保策略的有效性和前瞻性。

2. 内容有效性验证

互联网技术逐步解决了传播的路径有效性验证问题。企业通过路径有效性验证中的曝光数能够知晓消费者是否看到了他们的广告；用点击率和访问时长了解消费者是否愿意观看他们的广告，是否能够感受到产品的吸引力；购买转化率与评论数据可以帮助企业了解用户对其产品价值的看法。但是，路径有效性验证仍主要基于对产品端即时数据的分析，而品牌是企业的无形资产，是与消费者进行精神沟通的桥梁。品牌传播是抽象的、情感化的，并且需要依赖与消费者的长期沟通才能积累信息传达效果，那又该如何验证品牌内容类信息传达的有效性呢？

车企大数据验证实例

上海交通大学设计趋势研究所通过与企业的多年项目合作，摸索出了一套利用大数据验证内容传达有效性的方法，可从企业视角与消费者视角出发，检验不同品牌的沟通效果。

我们的方法在实际运用中，通常会以企业视角为切入点进行分析。

首先，收集品牌官网出现的所有描述性词语，然后依据 Value-C 对抓取词进行聚类，并进行词频分析。其次，抓取消费者对该品牌的舆情大数据。在与汽车企业合作时，我们会通过中国时下热门的线上内容平台（如小红书、哔哩哔哩、抖音）及汽车专业内容平台（如懂车帝、汽车之家）等，使用大数据手段对目标品牌与车型的真实用户评价进行抓取。因为网络信息的真实性、有效性参差不齐，研究团队在抓取大数据信息后会进行数据清洗的工作，确保参与计数的词频仅与该品牌相关，并排除"水军"、营销信息、干扰信息、反讽语气等因素的影响，力求数据的纯净性。然后，依据 Value-C 对抓取到的数据进行关键词聚类，得到词频分析结果，产出消费者舆情中描述该品牌或产品的高频关键词图谱。

为了使数据研究结果直观化，研究团队最终会进行大数据结论的视觉化工作。我们把官方传媒体现出的词频结果视觉化为气泡图，表现在 Value-C 量表的外环区域。泡泡面积越大，意味着该词频指数越高，也就意味着该品牌更倾向用这些词描述和介绍自己。而消费者舆情的词频结果被视觉化后，会显示于 Value-C 量表内环。与外环逻辑一致，泡泡面积越大，即消费者在谈论该品牌时，某一关键词被谈及的次数越多。这就是基于 Value-C 的品牌沟通有效性分析量表。

通过这一方法，我们能够直观地看到品牌与消费者沟通时，在哪些方面与消费者沟通卓有成效，又在哪些方面与消费者认知出现了明显的错配。

以下图某汽车品牌为例进行简要分析。2023年初，我们对该品牌官网以及相关消费者舆情数据进行了抓取，并将所得数据结论视觉化为下图量表，最终得出了该品牌与消费者沟通效果的三个结论。

首先，从图中的左下角可以看出外环、内环的价值观对应情况，该汽车品牌的"智能"价值观能够被消费者明显感知。在抓取的数据中，消费者对该品牌汽车的智能座舱、智能辅助驾驶与车机体验的探讨比较集中，并对其智能化功能表示认可。而这一价值观也是官方在品牌官网中着重强调的。

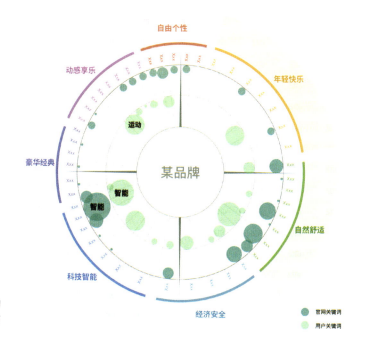

基于Value-C的
某品牌沟通有
效性分析量表

可见该价值观的品牌沟通成效不错，证明"智能"已成功转化为品牌印象的一部分。

其次，在量表的左上角可以清晰地看到，内环的舆情数据显示，消费者对该品牌的"运动"价值观讨论频繁。在原始数据中，大部分消费者赞扬其车型修长的车头设计，认为这能够带来类似高级跑车的造型感受，而这款车流畅的车身线条和宽大的前脸，以及其不错的操控体验，都在消费者心中留下了"运动感"的良好印象。然而，这个品牌在官方层面却并未有效传达出"运动"价值观，与消费者的沟通仅停留在"百公里加速 4 秒级"这样的数据性描述上，几乎找不到关于驾驶乐趣和体验的描述。而消费者端却产生了自发传播的现象，他们在网络平台上将这款车描述为"运动的"，并热衷于分享这款车的优秀驾控体验。由此可见，消费者的认知与品牌官方自述出现了明显的错配。

最后，有一个核心问题是，通过舆情分析，我们发现该品牌的品牌形象基本是由其产品形象堆积而成的。品牌旗下的轿跑车型塑造了品牌中"动感享乐"的价值观；旗下中大型的 SUV 车型，塑造了品牌中"自然舒适"的价值观；而旗下小型 SUV 车型，又给品牌带来了"年轻快乐"的价值观。因为该品牌最先上市的轿跑车型给消费者留下了强烈的"动感""个性"和"年轻"的品牌印象，而品牌近期推出的中大型 SUV 却主打"舒适""豪华"价值观，这与原先产品积累的品牌印象背道而驰，导致这款产品一上市就充满争议，不易被消费者快速接受。

　　这个问题的根本所在，就是品牌缺乏总领于所有产品之上的品牌价值观，从而无法在消费者脑海中留下稳固的形象。如果仅依靠产品价值观堆砌出品牌价值观，那么随着产品线的丰富，产品线携带的不同价值观会模糊消费者心中的品牌印象，最终使品牌难以形成清晰的定位。

　　基于 Value-C 的大数据分析也可以用于，对某一产品传媒路径中的内容有效性进行验证。

　　这里以某品牌旗下的轿跑掀背车型为例。2022 年，我们抓取了该品牌官网对该车型的所有描述性词语，依据 Value-C 对抓取词进行聚类、分析，得到下图量表中外环的数据，即该车型的官方自述价值观图谱。如前文叙述的分析

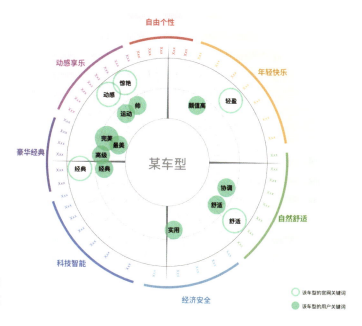

基于Value-C的
某产品沟通有效
性分析量表

方法，接下来运用大数据手段，抓取和分析主流社交媒体中消费者对该车型的舆情信息，得到下图量表中内环的数据，即该车型的消费者舆情价值观图谱。

通过 Value-C 的大数据量表可以看到，品牌官方对该车型的自述，与消费者的舆情存在一定的错配。这是一款产品设计卓越的车型，消费者毫不吝啬赞美之辞，纷纷给出"经典""完美""高级""好看"等评价。品牌也对其品牌和车型设计的"经典"进行了自述，但没有进行充足的美学表述。该车型的美学表述均是从消费者端透传的，如果品牌官方对车型的美学设计背景、美学定义思路给出更多信息，便能引发消费者的共鸣，起到更好的品牌沟通效果，甚至能形成广泛的自发传播效应。

另一个意料之外的发现是，尽管这是一款价格昂贵的豪华轿跑车型，但仍有不少消费者表示，这是一款"实用"的车型。宽大、溜背的车身，标准的四座设计，豪华与舒适的内饰，让这款车成为最实用的轿跑车。通过消费者的价值观舆情词频，能够清晰地看出，这辆车之所以如此受追捧，是因其完美地表达了高级感，拥有美丽迷人的外观设计，兼具运动性和舒适性，同时四门掀背车型提供了宽敞的空间，无论在商务还是家庭用车场景都能适配。

以上两个实际案例清晰地展现了如何利用 Value-C 验证品牌与产品传播效果的有效性。抽象的、情感化的品牌传播会日积月累，在消费者的心中积累为印象。而如今的消费者利用互联网平台将品牌的认知与印象重新反馈出来，完成了从品牌到消费者，再到品牌的传播闭环。企业可通过对舆情的定时监测，结合 Value-C 方法论对舆情结果与品牌定位进行对比，确定品牌传播的下一个发力点落于何处，从而不断审慎地调整品牌传播策略，力求在最小信息损耗的情况下，进行精准的消费者沟通。

点滴汇聚，终成江海。我们相信，伟大的品牌终将诞生于一次次成功的品牌传播之中。

致　谢

　　匆匆写完本书，逼着自己在理论上对过去 30 余年的设计研究做一个中期总结。写到最后，内心充满感激。

　　首先，我要感谢我的研究生导师张福昌老师。年少轻狂时，老师讲课时，我经常插嘴，觉得老师没什么了不起。随着自己踏上工作岗位，执鞭台上，才发现自己的思维方式和做事风格深受老师的影响。遇到难处时，老师的某句话会突然浮现，才发现当年根本就没有理解这句话的深刻含义。2023 年 10 月 10 日，师弟王庆斌在郑州为老师庆祝八十大寿，50 余位研究生兄弟姐妹欢聚一堂，大家的发言如一片片拼图，重现了老师对中国设计教育做出的伟大贡献。我们如翼下小雏，在老师的教导与关怀下逐渐成长。

　　第二位要感谢的老师是上海社会科学院社会学所的前所长卢汉龙老师。1998 年，我研究生毕业后来到上海交通大学工作。不久，我通过 114 查号台要到了卢老师单位的电话号码，约好了时间，就冒失地前去拜见。卢老师很惊讶，我这样一个有设计背景的人居然对社会学这么感兴趣，不过他也在同济大学学过建筑学。在他的悉心指导下，2005 年，我在《社会学》杂志上发表了我的第一篇社会学论文《中国消费者的简单三分法》。

　　然后，我的生命中出现了两位杰出的企业导师，一位是飞利浦的设计研究负责人汉妮·卡斯佩森（Hanne Caspersen）女士。在为飞利浦做了 3 年设计之后，我决定放弃造型设计，专注于设计研究。在2010年的某个合作项目中，汉妮·卡斯佩森女士与另一位飞利浦的研究者帕塔·阿尔卡雷斯文（Patta Arkaresvimun）女士在我们工作室与我们一起工作了10天，这次合作让我们学习到了飞利浦设计研究的精髓。后来，我们前前后后为飞利浦做了13个研究项目。

另一位企业导师是马自达的佐藤彩整先生，2006年，我们结识于上海日本设计师友好会，之后一个月喝一次咖啡，反复磋商，开始了第一个合作项目。我幸运地被佐藤先生带入了汽车行业的设计研究领域。在长达16年的合作中，佐藤先生教会了我们很多汽车领域的研究方法。于2015年上市的马自达CX-4就是基于我们的基础研究开发出来的，主设计师是小泉严先生。

在我和团队的成长历程中，优秀的企业合作伙伴一直是引领我们进步的主要力量。它们包括雅马哈、松下、飞利浦、马自达、GE、联想、上汽大众、上汽奥迪、丰田、多乐士、阿克苏诺贝尔、PPG、SABIC、KONE、方太、欧普、科思创、华为、联合利华、纳图兹、美的、奇瑞、广汽乘用车、上海家化、上汽乘用车、长虹、上汽通用五菱、中兴通讯、苏泊尔、宣伟、长安汽车、中南置地、瑞安房地产等。感谢合作伙伴的包容，我们也为自己的设计研究帮助合作伙伴创造了良好的商业表现而感到骄傲。

本书涉及80多个企业案例，感谢相关品牌提供版权支持。感谢欧莱雅中国的消费者中心项目总监蓝挺元女士在女性研究部分提供的精心指导。

　　最后,感谢上海交通大学与我的团队。上海交通大学"产业报国"的传统鼓励老师积极与产业合作，把自己的研究应用到产业界，推动产业的进步，我的学生一直是我研究的重要参与者。2008 年，我成立了设计趋势研究所，通过培训、会议、合作研究项目的形式，推动产业界在设计研究、CMF（色彩、材料、工艺、纹理）设计方面的进步。在这个过程中，我的团队表现出了强悍的战斗力。

　　我不知道还漏了感谢谁，您可以在下面空白处补上。

　　谢谢大家！

傅炯

2024 年 3 月 16 日

图片授权信息

第4页图，授权方：轻改派（小红书号：qinggaipai666）

第18页图，授权方：爱车人士danny（小红书号：1076092816）

第20页图，授权方：是橙橙的小陈（小红书号：759665243）

第22页图，授权方：麻花辫（小红书号：720567426）

第41页图，授权方：Gadgetempireid

第46页图，授权方：Monologue_昏（小红书号：120649942）

第49页图，授权方：MINI 新宇同学（小红书号：591390103）

第98页图，授权方：苏夏Suger（小红书号：129564677）

第108页图，授权方：thebirkinfairy

第109页图，授权方：Interstellar（小红书号：579335421）

第115页图，授权方：whiskyexchange

第118页图，授权方：seeth897

第120页上图，授权方：katerina_perez

第123页图，授权方：harpersbazaar

第128页图，授权方：jojo97xoxo

第135页左图，授权方：YijidaLazyboi（小红书号：560150374）

第135页右图，授权方：Tomatomato_（小红书号：118330738）

第137页右图，授权方：一个二手车从业者（小红书号：1108703968）

第138页图，授权方：邯郸新世纪中心lee（小红书号：201698670）

第140页图，授权方：G表玩家（小红书号：Eric1984）

第141页图，授权方：pyon__95

第145页图，授权方：Brayson C（小红书号：BC1008EC0727）

第150页图，授权方：Friday 周五（小红书号：lulala552200__）

第154页图，授权方：phantasyy_

第156页图，授权方：快乐网友 pp（小红书号：491550793）

第158页图，授权方：仰泳的雪加（小红书号：948655433）

第161页左图，授权方：一日一日渐见不凡（小红书号：szymtdjkxf）

第161页右图，授权方：千屿（努力拍照版）（小红书号：YLIN9797）

第162页图，授权方：如此生活EXQUISITE LIFE（小红书号：2652218205）

第164页左图，授权方：梅川酷子（小红书号：2630246364）

第164页右图，授权方：水薄夕阳（小红书号：sqwang）

第165页图，授权方：提拉米苏（小红书号：6352080665）

第166页左图，授权方：brittanysvanity

第192页图，授权方：博物馆官方

第213页右图，授权方：yz77（小红书号：635869133）

第223页图，授权方：恋恋闻香___（小红书号：498231106）

第224页图，授权方：VIP赠品礼独家专供（小红书号：V15728480995）

第226页图，授权方：rfaeriejwd_vintage（小红书号：129167511）

第228页图，授权方：乌云飞行员（小红书号：124449540）

第231页图，授权方：糯糯花栗鼠（小红书号：101394370）

第232页图，授权方：_Whitely（小红书号：obsidia1226）

第241页左图，授权方：夏阿雪（小红书号：9599678322）

第241页右图，授权方：想食菠萝包（小红书号：Lw_20010122）

第243页图，授权方：帕小赫（小红书号：541286770）

第246页图，授权方：momo（小红书号：4169811739）

第248页图，授权方：GOFREE大可（小红书号：817749234）

第249页图，授权方：twik.ca

第251页图，授权方：闺蜜（小红书号：183479317）

第252页图，授权方：孙尚香Scent（小红书号：113880555）

.